Eva Jiménez Pérez

Spanisch üben

Hören & Sprechen B1

Buch mit Audios online

Hueber Verlag

Der kostenlose MP3-Download zum Buch ist unter **www.hueber.de/audioservice** erhältlich.

Der Verlag weist ausdrücklich darauf hin, dass im Text enthaltene externe Links vom Verlag nur bis zum Zeitpunkt der Buchveröffentlichung eingesehen werden konnten. Auf spätere Veränderungen hat der Verlag keinerlei Einfluss. Eine Haftung des Verlags ist daher ausgeschlossen.

Eingetragene Warenzeichen oder Marken sind Eigentum des jeweiligen Zeichen- bzw. Markeninhabers, auch dann, wenn diese nicht gekennzeichnet sind. Es ist jedoch zu beachten, dass weder das Vorhandensein noch das Fehlen derartiger Kennzeichnungen die Rechtslage hinsichtlich dieser gewerblichen Schutzrechte berührt.

3. 2. 1. | Die letzten Ziffern
2026 25 24 23 22 | bezeichnen Zahl und Jahr des Druckes.
Alle Drucke dieser Auflage können, da unverändert, nebeneinander benutzt werden.
1. Auflage

Umschlaggestaltung: Sieveking · Agentur für Kommunikation, München
Layout und Satz: Sieveking · Agentur für Kommunikation, München
Co-Autor: Gianluca Pedrotti, Berlin
Verlagsredaktion: Nina Lötsch, Jürgen Frank, Hueber Verlag, München
Druck und Bindung: Friedrich Pustet GmbH & Co. KG, Regensburg
Printed in Germany
ISBN 978–3–19–357909–6

Art. 530_28273_001_01

Inhaltsverzeichnis

Vorwort

Liebe Lernerin, lieber Lerner,

Spanisch üben Hören & Sprechen B1 ist ein Übungsbuch für fortgeschrittene Lernende mit Vorkenntnissen auf Niveau B1 zum selbstständigen Üben und Wiederholen. Es eignet sich auch für den unterrichtsbegleitenden Einsatz, zur Überbrückung von Kurspausen oder zur Vorbereitung auf Prüfungen der Niveaustufe B1 des *Gemeinsamen Europäischen Referenzrahmens*.

Spanisch üben Hören & Sprechen B1 orientiert sich an den gängigen B1-Lehrwerken für den Kursunterricht und trainiert die Fertigkeiten Hören und Sprechen auf diesem Niveau. Die abwechslungsreichen Hörverständnis- und Sprechübungen behandeln alle für die Bewältigung der Alltagskommunikation wichtigen Themen und den entsprechenden Wortschatz.

Spanisch üben Hören & Sprechen B1 bietet die Lösungen zu sämtlichen Übungen direkt im Anschluss an das jeweilige Unterkapitel. Dort sind zur Erfolgs- und Verständnissicherung auch die Hörtexte zu den Übungen abgedruckt.

Spanisch üben Hören & Sprechen B1 besteht aus dem vorliegenden Übungsbuch und Sprachaufnahmen im MP3-Format, die Sie unter **www.hueber.de/audioservice** herunterladen können. Die vertonten Texte sind im Buch jeweils mit dem Symbol ▶ 15 gekennzeichnet. Die Zahl gibt den jeweiligen Track an.

In *Spanisch üben Hören & Sprechen B1* enthält jedes Unterkapitel Übungen zum allgemeinen und differenzierten Verständnis, gefolgt von Sprechübungen. Bitte hören Sie die Texte und Dialoge so oft wie nötig, um die Hörverständnisübungen zu bearbeiten. Oft ist es hilfreich, sich beim zweiten Hören Notizen zu machen. Nach den Übungen zum Hörverständnis können Sie bei Bedarf die jeweiligen Transkriptionen lesen und mitsprechen. Anschließend gehen Sie zu den Übungen über, in denen Sie aufgefordert werden, selbst zu sprechen.

Und nun wünschen wir Ihnen viel Spaß und viel Erfolg!

Autorin und Verlag

A Perspectivas laborales

A1 Siempre has tenido sentido de la estética.

▶ 01 **1a Antonio und Fabiola treffen sich nach Jahren zufällig in ihrem Heimatdorf wieder. Hören Sie und entscheiden Sie, was auf Antonio zutrifft.**

1. Antonio vive
   - ☐ en España.
   - ☐ en el extranjero.
2. Antonio y Fabiola
   - ☐ están contentos
   - ☐ no están contentos con sus trabajos actuales.

▶ 01 **1b Hören Sie noch einmal: Welche Fotos passen zu Antonios und Fabiolas Berufen? Schreiben Sie den jeweils passenden Namen unter die Fotos.**

A 
____

B 
____

C 
____

▶ 01 **1c Hören Sie den Dialog ein weiteres Mal und entscheiden Sie: *verdadero* (*v*) oder *falso* (*f*)?**

	v	f
1. Antonio siempre ha sido bueno cosiendo y dibujando.	☐	☐
2. Antonio aprendió a coser observando a su madre.	☐	☐
3. Antonio no tiene título internacional.	☐	☐
4. Antonio tiene talento para los idiomas.	☐	☐
5. Fabiola siempre ha tenido talento para la programación.	☐	☐
6. Fabiola aprendió a usar el ordenador gracias a su padre.	☐	☐

▶ 02 **1d Sie treffen einen spanischen Bekannten von früher wieder. Sie haben sich zehn Jahre lang nicht mehr gesehen und er hat viele Fragen. Übernehmen Sie die Rolle ▲ und antworten Sie mithilfe der folgenden Angaben.**

■ ¡Hace mucho que no nos vemos! Por lo menos diez años. ¿Cómo estás?

Sie stimmen zu, dass Sie sich seit einer Ewigkeit nicht gesehen haben. Viele Dinge haben sich verändert, aber alles läuft gut.

▲ *Sí, hace una eternidad que* ______

■ ¿Todavía trabajas para esa empresa internacional?

Sie verneinen und sagen, dass Sie dort nicht mehr arbeiten. Sie waren Verkaufsberater / Verkaufsberaterin (= asesor / asesora de ventas), *aber Sie haben verstanden* (= darse cuenta de), *dass Sie nicht sehr begabt darin waren, Leute zum Kaufen zu überreden* (= convencer). *Außerdem hat Ihnen die Arbeit nicht gefallen.*

▲ ______

■ ¿Y qué haces ahora?

Sie sind Konditor / Konditorin und haben Ihre eigene Konditorei.

▲ ______

■ ¡Qué me dices! Eso es un gran cambio. Pero, ¿cómo tomaste esa decisión?

Das ist schon immer Ihr Traum gewesen. Sie haben die Backkunst (= el arte de la pastelería) *von Ihrem Opa gelernt.*

▲ ______

■ ¡Es verdad! Tu abuelo tenía una panadería. Pero, ¿qué hiciste exactamente después de dejar tu trabajo?

Sie haben eine Berufsschule (= escuela de formación profesional) *besucht und dann Erfahrungen beim Arbeiten in einer Konditorei gesammelt. Und vor drei Monaten haben Sie Ihr eigenes Geschäft eröffnet.*

▲ ______

■ ¡Felicidades! ¡Ahora tengo ganas de probar tus pasteles!

A1 Siempre has tenido sentido de la estética.

▶ 01 1a Text / Lösung

■ ¡Hola, Fabiola!

● ¡Anda, Antonio, hola! ¡Pero si hace una eternidad que no nos vemos! Yo creo que más de 15 años. Desde que te fuiste de España has desaparecido de la faz de la tierra...

■ ¡Bueno, ya sabes cómo son las cosas! Desde que murieron mis padres, ya no tengo contacto con el pueblo. Pero es bonito volver de vez en cuando...

● Pero bueno, dime, ¿cómo estás? Tienes buen aspecto. Todavía vives en Milán, ¿no?

■ Sí, sigo enamorado de Milán. El trabajo va muy bien, hace poco abrimos un segundo atelier, también en la ciudad.

● ¡Felicidades! ¡Siempre fue tu sueño dedicarte a la moda!

■ Sí, la verdad es que siempre he tenido talento para los trabajos manuales como la costura, el dibujo e incluso el bordado... Me gusta pensar que me viene de familia.

● Claro, tu madre era costurera y tenía una tienda de ropa, ¿no?

■ Sí, pero casi todo lo aprendí de mi tía Adela. Era una costurera muy conocida en la zona y tenía un taller con muchos empleados. Siempre pasaba las vacaciones de verano con ella, y, observando cómo hacía su trabajo, aprendí a dibujar los primeros patrones y luego a coser a mano.

● Bueno, ¡es que ser diseñador siempre ha sido tu vocación! Eras muy bueno dibujando y también tenías sentido de la estética, de la combinación de colores... Después del instituto te fuiste a Madrid, ¿no?

■ Pues sí... Me fui a Madrid y trabajé como dependiente, así fue como entré en el negocio de la moda. Después tuve el privilegio de empezar a trabajar para la casa de moda de Pablo del Fierro, y allí es donde aprendí todo sobre la profesión...

● Has recorrido un largo camino. Enhorabuena.

■ Sí, estoy satisfecho... Bueno, también me gustaría tener un título internacional de la New School of Fashion de Nueva York, pero nunca he sido muy bueno con los idiomas... Así que... en parte por miedo, en parte porque no podía permitírmelo, nunca di el paso...

● Bueno, pero si piensas en grandes diseñadores como Balenciaga o Coco Chanel, ellos tampoco obtuvieron un título y aun así hicieron historia en el mundo de la moda.

■ Eran otros tiempos... Con estudios habría tenido otras posibilidades en el ámbito internacional.

A

- ¡No te quejes! Al fin y al cabo, abriste dos atelieres de moda en Milán.
- Sí, es verdad... Pero a ti tampoco te va mal, ¿eh? Me han dicho que trabajas de ingeniera informática...
- Sí, trabajo como desarrolladora de *software* para un servicio de mensajería instantánea.
- ¡Qué bueno! En el colegio siempre fuiste muy buena en matemáticas...
- Bueno, la informática es mi pasión desde joven, siempre he sido buena con los ordenadores. Soy autodidacta. Empecé leyendo manuales, luego cuando llegó Internet seguí buscando información en foros y en la red.
- Ya en el instituto me hablabas de programación. Fue por la época en la que surgió Internet, y fuiste una de las primeras en tener conexión a Internet en casa.
- ¡Qué memoria! Sí, me pasaba los días programando. Siempre he tenido talento para el razonamiento lógico, las fórmulas y los números... Y, a diferencia de ti, ¡siempre he sido una negada para los trabajos manuales!
- ¡Es verdad! ¡En clase de cerámica siempre hacías creaciones monstruosas!
- Bueno, en eso no he cambiado... ¡Sigo siendo un desastre!

1. Antonio vive ☒ en el extranjero.
2. Antonio y Fabiola ☒ están contentos con sus trabajos actuales.

▶ 01 **1b Lösung**

Foto A: Antonio

Foto B: Fabiola

Foto C: Antonio

▶ 01 **1c Lösung**

	v	f
1. Antonio siempre ha sido bueno cosiendo y dibujando.	☒	☐
2. Antonio aprendió a coser observando a su madre.	☐	☒
Antonio aprendió a coser observando a su tía Adela.		
3. Antonio no tiene título internacional.	☒	☐
4. Antonio tiene talento para los idiomas.	☐	☒
Antonio nunca ha sido muy bueno para los idiomas.		
5. Fabiola siempre ha tenido talento para la programación.	☒	☐
6. Fabiola aprendió a usar el ordenador gracias a su padre.	☐	☒
Fabiola es autodidacta.		

▶ 02 **1d Text / Lösung**

■ ¡Hace mucho que no nos vemos! Por lo menos diez años. ¿Cómo estás?

▲ *Sí, hace una eternidad que no nos vemos. Muchas cosas han cambiado, pero todo va bien.*

■ ¿Todavía trabajas para esa empresa internacional?

▲ *No, ya no trabajo allí. Era asesor / asesora de ventas, pero me di cuenta de que no tenía talento para convencer a la gente para comprar. Además, no me gustaba mi trabajo.*

■ ¿Y qué haces ahora?

▲ *Soy pastelero / pastelera y tengo mi propia pastelería.*

■ ¡Qué me dices! Eso es un gran cambio. Pero, ¿cómo tomaste esa decisión?

▲ *Siempre fue mi sueño. Aprendí el arte de la pastelería de mi abuelo.*

■ ¡Es verdad! Tu abuelo tenía una panadería. Pero, ¿qué hiciste después de dejar tu trabajo?

▲ *Fui a una escuela de formación profesional y luego adquirí experiencia trabajando en una pastelería. Y hace tres meses abrí mi propia tienda.*

■ ¡Felicidades! ¡Ahora tengo ganas de probar tus pasteles!

A2 He decidido empezar de cero.

▶ 03 **2a Sie hören einen Ausschnitt aus einer Radiosendung. Worum geht es?**

En el programa se habla
- ☐ del sentido de la vida.
- ☐ de cambios importantes en la vida.

▶ 03 **2b Hören Sie den Ausschnitt noch einmal und ordnen Sie die Personen den Fotos zu.**

Ignacio • César • Sara

A ________ B ________ C ________

▶ 04 **2c Hören Sie nun das Interview mit César. Von welchem Wendepunkt in seinem Leben spricht er?**

El cambio en la vida de César consiste en
- ☐ dejar definitivamente su trabajo de oficina.
- ☐ cambiar de trabajo de oficina.
- ☐ matricularse en la universidad.

▶ 04 **2d Hören Sie das Interview noch einmal: Was ist richtig, was ist falsch?**

	v	f
1. Para César, trabajar en un banco siempre ha sido aburrido y repetitivo.	☐	☐
2. A César ya no le gusta tanto su trabajo como antes.	☐	☐
3. El banco de César ofrece un año sabático como beneficio.	☐	☐
4. Después de dejar el trabajo, César se irá a Brasil.	☐	☐
5. El sueño de César es ser escritor o periodista.	☐	☐
6. Cuando vuelva de su viaje, hará un curso de escritura creativa.	☐	☐

▶ 05 **2e Sie werden zu den Zukunftsplänen und Träumen von Laura, Sergio und Cristina befragt. Beantworten Sie die Fragen Ihres Gesprächspartners mithilfe der Angaben, wie im Beispiel.**

Ejemplo

■ He oído que Laura quiere hacer un cambio en su vida.

● Sí, ha dejado la universidad.

■ ¿Y qué va a hacer ahora?

● Va a tomarse un descanso y viajar.

■ ¿Y después? ¿Qué quiere hacer?

● Quiere mudarse a Madrid y buscar trabajo allí. Sueña con / Su sueño es trabajar para Cinefil.

	¿Qué ha hecho ya?	**¿Qué va a hacer?**	**¿Qué quiere hacer?**	**¿Cuál es su sueño?**
0. Laura	dejar la universidad	tomarse un descanso / viajar	mudarse a Madrid / buscar trabajo allí	trabajar para Cinefil
1. Sergio	hablar con su jefe y dimitir	hacer un curso avanzado de inglés y un curso básico de latín	matricularse en la universidad / estudiar medicina	ser médico
2. Cristina	tomarse un año sabático	viajar a la India	estudiar yoga en un *áshram*	ser profesora de yoga

A2 He decidido empezar de cero.

▶ 03 **2a Text / Lösung**

■ Aquí estamos de nuevo en *La vida en directo*, el programa en el que damos espacio a vuestras voces y experiencias. Para el programa de hoy, os hemos pedido que nos contéis una decisión que dio un giro de 360 grados a vuestras vidas y cómo ha cambiado vuestro camino desde entonces. Nos habéis enviado muchísimos mensajes de voz, escuchemos algunos de ellos.

● Hola, soy Ignacio y estoy jubilado desde hace dos meses. Después de años de trabajo, la jubilación ha cambiado mucho mi vida: puedo dedicarme a mi jardín, tengo más tiempo para mi mujer... Creo que ahora empieza la vida de verdad.

▲ ¡Hola a todos! Soy César, tengo 41 años y soy director de banco. Después de un largo tiempo de reflexión, he decidido empezar de cero. Hace unos días tomé una decisión que cambiará mi vida radicalmente...

◆ ¡Soy Sara! Hace dos años lo dejé todo y me vine a vivir a Suiza. Tengo una pequeña cabaña con algunos animales y elaboro productos lácteos. Dejar la ciudad ha sido mi salvación.

■ Tres historias diferentes, pero con una cosa en común: el deseo de cambiar de rumbo.

En el programa se habla ☒ de cambios importantes en la vida.

▶ 03 **2b Lösung**

Foto A: Sara; Foto B: César; Foto C: Ignacio

▶ 04 **2c Text / Lösung**

■ Hola, César, gracias por enviarnos tu mensaje, ahora tenemos mucha curiosidad... Por lo que parece, has decidido hacer un gran cambio en tu vida, ¿no?

▲ Sí, estoy en un momento un poco especial de mi vida y estoy haciendo un balance de la situación. Estoy reflexionando sobre mi pasado, sobre todo lo que he hecho hasta ahora... y lo que no he hecho... Y estoy pensando en cambiar algo...

■ Bueno, demos un paso atrás... ¿Puedes decirnos cómo llegaste a esa conclusión?

▲ Claro. Pues, llevo más de veinte años trabajando en el sector bancario: trabajé como empleado durante muchos años y luego me nombraron director de oficina. Al principio estaba satisfecho, pero después de tanto tiempo, me doy cuenta de lo monótono y mecánico que se ha vuelto mi trabajo.

■ Bueno, puedo entenderlo. El trabajo de oficina ofrece la seguridad de un puesto fijo, un sueldo mensual... pero imagino que a la larga puede volverse monótono.

▲ Sí, no puedo imaginarme seguir con mi vida así. Tenía 19 años cuando entré en el banco por primera vez: siempre he estado aquí, en la misma oficina, durante años. Creo que necesito nuevos estímulos... Cada vez me gusta menos el trabajo de oficina y ya no soporto ver números y números durante todo el día.

■ Entonces parece que tu cambio va a ser bastante radical...

▲ Sí. Bueno, primero voy a tomarme un tiempo para mí. Lamentablemente, el banco en el que trabajo no me ofrece la posibilidad de tomarme un año sabático, así que...

■ ...has decidido dejar el trabajo...

▲ Sí, me dije a mí mismo: "César, si no ahora, ¿cuándo?". Presenté mi dimisión hace unos días y dejaré definitivamente el trabajo en dos meses. Mientras tanto, haré dos cursos de idiomas para mejorar mi inglés y mi portugués...

■ Ah, un curso de portugués. Interesante. ¿Piensas mudarte a Brasil?

▲ Ja, ja, ja, ¡quién sabe! De momento me he comprado una bicicleta y quiero pedalear desde Barcelona hasta el Atlántico en Portugal. Ese viaje tan largo me permitirá desconectar y reflexionar sobre mi futuro.

■ Y, ¿qué te gustaría hacer después?

▲ Pues siempre ha sido mi sueño dedicarme a mi pasión, la escritura. Está claro que no sueño con convertirme en periodista o en un escritor famoso a los 40 años. Pero también hay otras profesiones en las que se requiere creatividad... Quiero trabajar como redactor de contenidos y escribir, por ejemplo, artículos para periódicos en línea, textos publicitarios o descripciones de productos... Cuando vuelva de Portugal, voy a matricularme en un curso de escritura creativa y luego haré otro curso para obtener una certificación como redactor de contenidos.

■ Parece que tienes bastante claro qué quieres y qué no quieres hacer, y una idea muy precisa de cómo puede ser tu futuro.

▲ Sí. De una cosa estoy seguro: antes de mi 50 cumpleaños ya estaré trabajando como redactor de contenidos y habré vivido por algún tiempo en el extranjero. En resumen, ¡nunca es demasiado tarde para cambiar de camino!

■ César, gracias por compartir con nosotros una decisión tan importante. ¡Te deseamos suerte con todo! Y ahora sigamos con...

El cambio en la vida de César consiste en ☒ dejar definitivamente su trabajo de oficina.

▶ 04 2d Lösung

		v	f
1.	Para César, trabajar en un banco siempre ha sido aburrido y repetitivo.	☐	☒
	Después de un tiempo se ha dado cuenta de que su trabajo se ha vuelto monótono y mecánico.		
2.	A César ya no le gusta tanto su trabajo como antes.	☒	☐
3.	El banco de César ofrece un año sabático como beneficio.	☐	☒
	El banco en el que trabaja César no le ofrece la posibilidad de tomarse un año sabático.		
4.	Después de dejar el trabajo, César se irá a Brasil.	☐	☒
	Después de dejar el trabajo, César se irá en bicicleta al Atlántico en Portugal.		
5.	El sueño de César es ser escritor o periodista.	☐	☒
	César no sueña con convertirse en periodista o en un escritor famoso a los 40 años.		
6.	Cuando vuelva de su viaje, hará un curso de escritura creativa.	☒	☐

▶ 05 2e Text / Lösung

1. ■ He oído que Sergio quiere hacer un cambio en su vida.
   ▲ *Sí, ha hablado con su jefe y ha dimitido.*
   ■ ¿Y qué va a hacer ahora?
   ▲ *Va a hacer un curso avanzado de inglés y un curso básico de latín.*
   ■ ¿Y después? ¿Qué quiere hacer?
   ▲ *Quiere matricularse en la universidad y estudiar medicina. Su sueño es / Sueña con ser médico.*
2. ■ He oído que Cristina quiere hacer un cambio en su vida.
   ▲ *Sí, se ha tomado un año sabático.*
   ■ ¿Y qué va a hacer ahora?
   ▲ *Va a viajar a la India.*
   ■ ¿Y después? ¿Qué quiere hacer?
   ▲ *Quiere estudiar yoga en un áshram. Su sueño es / Sueña con ser profesora de yoga.*

A3 Probablemente desaparecerán.

▶ 06 **3a Hören Sie das Gespräch zwischen Ester und Jaime. Welches Bild passt thematisch dazu?**

A  ☐

B  ☐

C  ☐

▶ 06 **3b Hören Sie das Gespräch noch einmal: Auf welche beruflichen Tätigkeitsbereiche beziehen sich Ester und Jaime?**

☐ medicina ☐ turismo ☐ educación

☐ transporte público ☐ gastronomía ☐ comercio

▶ 06 **3c Hören Sie noch einmal: Wer äußert welche Prognose für die Zukunft? Tragen Sie E für Ester oder J für Jaime ein.**

1. ____ En el futuro los coches conducirán de forma autónoma.
2. _E_ Seguramente los robots servirán en los restaurantes.
3. ____ Probablemente los robots no sustituirán a los médicos o a los psicólogos.
4. ____ Es posible que surjan nuevos perfiles profesionales en el ámbito ético.
5. ____ Es probable que la ciencia cree nuevos escenarios imprevisibles.

▶ 07 **3d Nehmen Sie nun mithilfe der Angaben Stellung zu den folgenden Zukunftsszenarien. Achten Sie dabei, wo nötig, auf die Verwendung des *subjuntivo*.**

Ejemplo puede ser que – los robots sustituir a los cocineros en la cocina

■ ¿Crees que la profesión de cocinero desaparecerá?

● Sí, **puede ser que** los robots **sustituyan** a los cocineros en la cocina.

1. probablemente – el correo electrónico sustituir al correo tradicional y hacer innecesario el trabajo de los carteros
2. seguramente – los drones y las máquinas cosechadoras automáticas sustituir pronto a los agricultores
3. es posible que – los dispositivos y la tecnología digital hacer innecesario el perfil profesional del bibliotecario
4. no es probable que – la inteligencia artificial poder traducir matices de significado como los intérpretes y traductores

A3 Probablemente desaparecerán.

▶ 06 **3a Text / Lösung**

■ Ester, ¿has leído este artículo?

● ¿Cuál? Ah, ¿te refieres a la investigación realizada por la universidad británica?

■ Sí, me parece que tiene una visión casi catastrófica de las perspectivas laborales del futuro. Los investigadores creen que probablemente dentro de poco los robots y los ordenadores sustituirán a los humanos en algunas profesiones.

● Bueno, a mí me parece que no dicen nada nuevo. El mundo laboral siempre está evolucionando, pero con la llegada de la tecnología el ritmo ha aumentado. Así que es probable que muchas profesiones actuales desaparezcan o las hagan robots. Al mismo tiempo, posiblemente surgirán nuevos perfiles laborales y trabajos... Siempre ha sido así...

■ Lo que me parece increíble es que el artículo habla de profesiones que requieren prestar cierta atención. Por ejemplo, dicen que los conductores profesionales y los taxistas son algunas de las profesiones en peligro de extinción...

● ¿Y qué hay de nuevo en eso? En muchas ciudades del mundo el metro circula sin conductor y ya hay prototipos de coches que se conducen solos. Yo estoy deseando tener un coche que se conduzca solo...

■ Pero, ¿deberíamos confiar en los sensores y en los robots? Yo he leído que el experimento con el primer coche completamente autónomo fue un desastre.

● La tecnología tiene que probarse antes de ponerse a disposición de todo el mundo. Esos tipos de accidentes son muy comunes. ¿Y qué otras profesiones van a desaparecer, según el estudio?

■ Pues por ejemplo los operadores turísticos que trabajan en las agencias de viajes... Pero a ellos no los sustituirán robots, sino los grandes portales de Internet.

● Es que eso ya está pasando. No he ido a una agencia de viajes desde hace al menos 15 años. Ahora todo se puede hacer en línea.

■ Bueno... Según el estudio también puede ser que desaparezcan los cajeros y camareros. Hoy en día ya hay cajas automáticas en el supermercado, así que me imagino que pronto habrá ordenadores que sustituirán a todos los cajeros y cajeras. Y también es bastante probable que desaparezca el personal de servicio en los restaurantes...

● No veo nada malo en ello. En muchos restaurantes ya se utilizan tabletas o *smartphones* para pedir, y seguramente muy pronto habrá pequeños robots que nos servirán la comida y la bebida directamente a la mesa.

- Sí, pero así se perderá el contacto con el cliente: ya no podremos charlar con la cajera o pedirle una recomendación al camarero.
- Sí, ¡y menos mal! Si hay algo que no soporto son las charlas triviales en la caja y en los restaurantes.
- Ester, ¡qué poco sociable eres! Bueno, hay muchas más profesiones que requieren cualidades humanas como la empatía y un sentido de la comunidad. Pienso por ejemplo en la relación entre médico y paciente. No me convence para nada que la figura del psicólogo pueda ser sustituida por una máquina.
- Sí, en eso te doy la razón. Pero ya hay robots que intervienen en quirófano para operaciones rutinarias. Por supuesto, es el cirujano quien dirige y controla al robot... Pero puede ser que se consiga una mayor autonomía de las máquinas con el desarrollo de la inteligencia artificial.
- Pues yo no me dejaría operar por un robot... En fin... Probablemente la llegada de los robots al mercado laboral provocará más paro, ¿no?
- Bueno, también es posible que la robotización provoque el nacimiento de nuevas profesiones que actualmente no existen.
- ¿Por ejemplo?
- Pues, por los grandes avances de la ciencia en áreas como la cibernética y la clonación, es posible que se necesiten nuevos perfiles profesionales, como por ejemplo filósofos expertos en ética.
- Sí, te doy la razón. Es bastante probable que la ciencia nos lleve a escenarios desconocidos con consecuencias imprevisibles.
- Sí, estos filósofos éticos tendrán que valorar las decisiones de los científicos y deberán ayudarlos... y tal vez decidir si es bueno introducir robots en la psicología o en la cirujía.
- En fin, no quiero ni pensarlo... Pero bueno, el artículo concluye con una nota bastante general con la que estoy de acuerdo: los robots sustituirán a los humanos en los trabajos pesados, difíciles y peligrosos, ¿no crees?
- Sí, estoy de acuerdo. Los trabajos difíciles y peligrosos deberían ser realizados por máquinas y robots.

Zum Dialog passt Foto C.

▶ 06 **3b Lösung**

☒ medicina ☒ turismo ☒ transporte público ☒ gastronomía ☒ comercio

▶ 06 **3c Lösung**

1. *E* En el futuro los coches conducirán de forma autónoma.
2. *E* Seguramente los robots servirán en los restaurantes.
3. *J* Probablemente los robots no sustituirán a los médicos o a los psicólogos.
4. *E* Es posible que surjan nuevos perfiles profesionales en el ámbito ético.
5. *J* Es probable que la ciencia cree nuevos escenarios imprevisibles.

3d Text / Lösung

▶ 07 1. ■ ¿Crees que la profesión de cartero desaparecerá?

▲ *Sí, probablemente el correo electrónico sustituirá al correo tradicional y hará innecesario el trabajo de los carteros.*

2. ■ ¿Crees que la profesión de agricultor desaparecerá?

▲ *Sí, seguramente los drones y las máquinas cosechadoras automáticas sustituirán pronto a los agricultores.*

3. ■ ¿Crees que la profesión de bibliotecario desaparecerá?

▲ *Sí, es posible que los dispositivos y la tecnología digital hagan innecesario el perfil profesional del bibliotecario.*

4. ■ ¿Crees que la profesión de los traductores e intérpretes desaparecerá?

▲ *No, no es probable que la inteligencia artificial pueda traducir matices de significado como los intérpretes y los traductores.*

B Los jóvenes de hoy en día

B1 ¡Eres demasiado estricta!

▶ 08 **1a Hören Sie die Diskussion zwischen Lucía, ihrer Mutter Nieves und ihrem Sohn Álvaro. Wählen Sie dann in den folgenden Aussagen die jeweils passende Option aus.**

1. La conversación tiene lugar
   ☐ durante el desayuno.
   ☐ durante la cena.
2. Lucía y Nieves hablan
   ☐ de los avances tecnológicos.
   ☐ de las diferencias entre la juventud de antes y la de ahora.
3. Lucía y Nieves tienen ... sobre el tema.
   ☐ opiniones diferentes ☐ la misma opinión

▶ 08 **1b Hören Sie die Diskussion erneut und entscheiden Sie, wer welche Meinung vertritt: Lucía (L) oder Nieves (N). Achtung: Einmal haben beide die gleiche Meinung!**

_____ La familia antes siempre se reunía durante la cena para hablar y estar junta.

_____ La tecnología ha arruinado las relaciones entre las personas.

__N__ Los jóvenes hacen videollamadas porque no saben comunicarse cara a cara.

_____ Los jóvenes de hoy en día se expresan con más libertad que los de antes.

_____ Antes los jóvenes se preocupaban por el mundo, ahora no tienen valores.

_____ Los jóvenes de hoy se preocupan por el medioambiente y son altruistas.

▶ 08 **1c Hören Sie noch einmal und ergänzen Sie die Ausdrücke, die Lucia und Nieves verwenden, um ...**

1. die eigene Meinung zu äußern: ____________________
2. Zustimmung auszudrücken: ____________________
3. zu widersprechen: ____________________
   ____
4. Zweifel und Unsicherheit zu äußern: ____________________
   ____

1d Ergänzen Sie nun diese Ausdrücke bei Übung 1c.

Yo pienso lo mismo. • No lo veo igual... • Me cuesta creerlo... • Sin duda.

▶ 09 **1e Sie hören nun verschiedene Meinungen über die Jugend von heute. Reagieren Sie jeweils mithilfe der folgenden Angaben darauf.**

Ejemplo ■ Antes, los jóvenes quedaban frente a sus casas o en el bar del pueblo. Sin embargo, hoy prefieren quedar en sus casas.

● Sin duda. Hoy en día, los jóvenes quedan con demasiada frecuencia en casa para ver sus series de televisión favoritas o jugar a videojuegos.

0. **Sie stimmen zu:** heute treffen sich die jungen Leute viel zu oft zu Hause, um ihre Lieblingsserie zusammen anzusehen oder Videospiele zu spielen

1. **Sie widersprechen:** auch heute sind die Jugendlichen romantisch: sie schicken kreative Videos, schreiben Lieder für ihren Freund / ihre Freundin und organisieren Überraschungen mithilfe *(= con ayuda de)* der sozialen Netzwerke

2. **Sie stimmen zu:** die jungen Leute sind heute Digital Natives *(= nativos digitales)*: mit vier Jahren spielen die Kinder schon auf dem Tablet der Eltern und mit acht Jahren können sie schon alleine Nachrichten verschicken

3. **Sie widersprechen:** die jungen Leute sind nach wie vor *(= todavía)* an der Schule und an ihrer Zukunft interessiert; sie nutzen das Internet, um schnell Informationen zu finden; sie stellen sie aber infrage *(= poner en duda)* und recherchieren die Quellen *(= fuentes)*

4. **Sie äußern Zweifel und Unsicherheit:** auch heute respektieren die Kinder ihre Eltern; die Eltern sind aber mitfühlender *(= empático)* und achten besonders auf *(= prestar especial atención a)* die Bedürfnisse und die Träume ihrer Kinder

B1 ¡Eres demasiado estricta!

▶ 08 1a Text / Lösung

■ Álvaro, ¿quieres dejar ya el móvil? Por lo menos mientras comemos, por favor.

● Espera un momento, abuela... Quiero terminar de ver un vídeo que me ha enviado un amigo...

■ ¿Un vídeo? ¡Pero si estamos comiendo! Oye, Lucía, ¿no le dices nada?

▲ Mamá, ¿qué quieres que le diga? Así son los jóvenes de hoy en día.

■ Bueno, tú no eras así. Y yo tampoco...

● Pero abuela... ¡Han pasado siglos! Cuando tú eras joven, ni siquiera había teléfonos móviles, ni Internet. No seas así... Voy a salir un momento a hacer una videollamada y vuelvo para el postre. Hasta ahora...

...

■ ¿Qué te parece? Antes toda la familia se solía reunir para cenar y hablar del día. Y los jóvenes participaban en la conversación. Pero hoy ya no hablan en la mesa y se dedican a escribir y a jugar con sus móviles. Es una pena...

▲ En eso tienes razón. Tú y papá erais muy estrictos y rigurosos en casa: no se podía ver la televisión durante las comidas. La cena era un momento para estar juntos y hablar en familia.

■ En mi opinión, toda esta tecnología ha arruinado las relaciones y la forma de socializar. Antes, los jóvenes se juntaban en la plaza del pueblo o en otros lugares de encuentro. Solían reunirse en el patio de la iglesia o en algún centro deportivo para jugar al fútbol o al balonmano.

▲ Bueno, me parece que eres demasiado estricta. Hoy en día los jóvenes tienen otras formas de reunirse y divertirse. Internet se ha convertido en un lugar en el que pueden conocerse, charlar y pasar el rato de manera virtual. Juegan a videojuegos en línea, pasan tiempo en redes sociales y se envían vídeos, como Álvaro. Incluso montan fiestas virtuales.

■ ¿Perdona? ¿Y cómo es eso?

▲ Pues hay una aplicación que permite hacer videollamadas grupales. Hasta ocho personas pueden comunicarse en una misma llamada.

■ Imagínate el caos. Seguro que no se entiende nada. Cuando yo tenía 16 años, la gente sí usaba el teléfono, pero solo para hacer llamadas cortas, porque era caro... Nos reuníamos al aire libre y hablábamos en persona. Ahora hacen videollamadas porque ya no saben comunicarse cara a cara.

▲ Lo siento, mamá, pero no comparto tu opinión. La generación actual es mucho más abierta. Los jóvenes pueden expresar sus emociones con mayor libertad. Yo era mucho más cerrada y reservada cuando tenía esa edad.

- ■ Bueno, será como tú dices... pero no estoy convencida. En mis tiempos los jóvenes estaban más comprometidos con la sociedad y organizaban manifestaciones. Yo siempre estaba en primera fila cuando había una protesta o una huelga. Hoy en día, parece que los jóvenes no tienen valores. Son superficiales y solo prestan atención a las modas.
- ▲ No estoy para nada de acuerdo. Álvaro y sus amigos están llenos de entusiasmo y dispuestos a comprometerse. No son superficiales, son altruistas y tienen valores: por ejemplo, se preocupan por el medioambiente y el cambio climático.
- ■ Para nada, cariño. Ya te digo que no son los jóvenes de antes.
- ▲ ¡No exageres! Cada generación ha tenido y tiene una actitud diferente ante la vida. Además, siempre es así: las generaciones anteriores se quejan de las actuales. La abuela Teresa, tu madre, no soportaba tu carácter rebelde. ¿O me equivoco?
- ■ Bueno, vale, ¿pero eso qué tiene que ver? Venga, llamemos a Álvaro, que ya está el postre en la mesa...

1. La conversación tiene lugar *durante la cena.*
2. Lucía y Nieves hablan *de las diferencias entre la juventud de antes y la de ahora.*
3. Lucía y Nieves tienen *opiniones diferentes* sobre el tema.

▶ 08 1b Lösung

L/N La familia antes siempre se reunía durante la cena para hablar y estar junta.

N La tecnología ha arruinado las relaciones entre las personas.

N Los jóvenes hacen videollamadas porque no saben comunicarse cara a cara.

L Los jóvenes de hoy en día se expresan con más libertad que los de antes.

N Antes los jóvenes estaban comprometidos con la sociedad, ahora ya no tienen valores.

L Los jóvenes de hoy se preocupan por el medioambiente y son altruistas.

▶ 08 **1 c / 1d Lösung**

1. die eigene Meinung zu äußern: *me parece que…; En mi opinión…*
2. Zustimmung auszudrücken: *En eso tienes razón.; Sin duda.; Yo pienso lo mismo.*
3. zu widersprechen: *No estoy para nada de acuerdo.; No comparto tu opinión.; ¡No exageres!; Para nada.; No lo veo igual…*
4. Zweifel und Unsicherheit zu äußern: *No estoy convencida.; Me cuesta creerlo…*

▶ 09 **1e Lösung**

1. ▲ En mi opinión, los jóvenes de hoy no saben lo que es el romanticismo. Antes los enamorados se escribían cartas largas y se emocionaban mirándose a los ojos. ¡El cortejo era un asunto serio!

   ● No estoy para nada de acuerdo. / No comparto tu opinión. / ¡No exageres! / Para nada. / Lo siento, pero no lo veo igual... Hoy (en día) los jóvenes también son románticos: se envían vídeos creativos, escriben canciones para su novio o para su novia y organizan sorpresas con ayuda de las redes sociales...

2. ■ Los jóvenes de hoy en día tienen una relación diferente con la tecnología y el aprendizaje.

   ● En eso tienes razón. / Sin duda. / Yo pienso lo mismo. Los jóvenes hoy en día son nativos digitales: con cuatro años los niños ya juegan con la tableta de sus padres y con ocho años ya pueden mandar mensajes de texto solos.

3. ▲ Llevo 30 años enseñando en un instituto. Antes los jóvenes solían ser atentos y trabajadores. Hoy en día son perezosos, estudian poco y no piensan por sí mismos. Internet se ha convertido en su única fuente de información.

   ● No estoy para nada de acuerdo. / No comparto tu opinión. / ¡No exageres! / Para nada. / Lo siento, pero no lo veo igual... Los jóvenes todavía están interesados en la escuela y en su futuro. Utilizan Internet para encontrar información rápidamente, pero la ponen en duda e investigan las fuentes.

4. ■ La relación entres padres e hijos también ha cambiado. Antes, los jóvenes respetaban a sus padres, los veían como figuras de autoridad. Pero hoy en día los jóvenes ven a sus padres como amigos.

   ● No estoy convencido / convencida. / Me cuesta creerlo... Hoy en día los hijos también respetan a sus padres, pero los padres son más empáticos y prestan especial atención a las necesidades y a los sueños de sus hijos.

B2 Es una pena que el permiso no sea más largo...

▶ 10 **2a Ein Podcast-Moderator ist auf der Babymesse „El mundo de tu bebé“ unterwegs. Hören Sie die Sendung. Um welches Thema geht es?**

☐ conciliar el trabajo y la familia después de que nazca el bebé

☐ las cosas que hay que comprar para un nuevo bebé

▶ 10 **2b Hören Sie die Interviews noch einmal und entscheiden Sie, welche die jeweils passende Option ist.**

1. En España, después del nacimiento de un bebé,
   ☐ las madres tienen que volver al trabajo tras 6 semanas de permiso.
   ☐ los progenitores pueden compartir el permiso.
2. Alba quiere ☐ ser ama de casa. ☐ volver a trabajar después de 14 semanas.
3. Lisa quiere
   ☐ pasar el máximo tiempo posible con el bebé.
   ☐ seguir trabajando después del nacimiento del bebé.
4. René
   ☐ quiere concentrarse en su carrera.
   ☐ quiere llevar al bebé a una guardería.
5. Andrés y Silvia se han mudado a España
   ☐ porque no podían pagar una guardería en Estados Unidos.
   ☐ porque quieren llevar al bebé a una guardería española.

▶ 10 **2c Hören Sie die Interviews noch einmal: Wer denkt was?**

Él/Ella opina que...	**Alba**	**Lisa**	**Andrés**
1. el permiso de maternidad debería estar asegurado en Estados Unidos.	☐	☐	☐
2. es una mala idea dejar al bebé en una guardería.	☐	☐	☐
3. no es justo que los padres no tengan derecho a un permiso pagado.	☐	☐	☐
4. a veces es necesario dejar al bebé en una guardería.	☐	☐	☐
5. en España el permiso de maternidad es muy corto.	☐	☐	☐
6. es importante que ambos progenitores mantengan sus carreras profesionales.	☐	☐	☐

▶ 11 **2d Sie werden nun nach der Meinung der folgenden Personen zu verschiedenen Familiensituationen gefragt. Antworten Sie wie im Beispiel mithilfe der Angaben. Achten Sie auf die Verwendung des „subjuntivo".**

Ejemplo

María

Las empresas no **ofrecen** suficientes contratos a tiempo parcial a las madres trabajadoras. **¡Qué vergüenza!**

- ■ ¿Qué piensa María sobre la situación de las madres trabajadoras?
- ● María piensa que **es una vergüenza** que las empresas no **ofrezcan** suficientes contratos a tiempo parcial a las madres trabajadoras.

Muchos hombres no se implican lo suficiente en las tareas del hogar. **¡Qué injusto!**

Marcos

Alicia

¡Qué error! El gobierno ofrece pocas ayudas para el cuidado de los niños.

¡Estupendo! Desde principios de año, los permisos de maternidad y paternidad tienen la misma duración en España.

Santiago

B2 Es una pena que el permiso no sea más largo...

▶ 10 2a Text / Lösung

■ ¡Bienvenidos a la Feria "El mundo de tu bebé", la mayor feria de productos para bebés de España! Mi nombre es Guillermo Vallés, presentador del podcast "Padres primerizos". Tenemos aquí a muchísimas parejas a punto de ser papás y mamás. Pero, como todos sabemos, a la hora de ser padres y madres hay que pensar en mucho más que en carritos y biberones. Es necesario tomar muchas decisiones en torno al cuidado de los niños. Ahora, en España, ambos progenitores pueden beneficiarse de 16 semanas de permiso. Seis de ellas son obligatorias después del parto, y las otras diez se pueden repartir como los padres prefieran durante los doce meses posteriores al nacimiento del bebé. Vamos a hablar con algunos visitantes de la feria para averiguar sus planes. Primero hablemos con Alba y Carlos. ¡Hola chicos! Decidme, ¿cuándo nace el bebé?

● Hola Guillermo. Nuestra niña llegará al mundo a finales de mayo.

■ ¿Y qué planes tenéis después de que nazca?

● Bueno, pues Carlos y yo nos quedamos en casa las primeras seis semanas. Será un tiempo muy emocionante. Después Carlos volverá al trabajo y yo me quedaré en casa dos meses más. Luego yo volveré al trabajo y Carlos se tomará otros dos meses libres. Esos primeros meses en la vida de un bebé son muy importantes y no queremos perdernos ni un solo segundo, por lo que tenemos que intentar repartir el tiempo que tenemos de la mejor manera posible. Es una pena que el permiso no sea más largo... No podemos permitirnos vivir de un solo sueldo a largo plazo, por lo que es importante que ambos mantengamos nuestras carreras profesionales.

■ Sí, creo que mucha gente está compartiendo la responsabilidad estos días. ¿Y vosotros, René y Lisa? Lisa, parece que el bebé está a punto de nacer, ¿no?

▲ ¡Sí! ¡Solo nos quedan tres semanas! ¡Y todavía tengo que encontrar un asiento para el coche!

■ ¡Madre mía! Bueno, entonces no os entretendré durante mucho tiempo. Decidme, ¿cómo lo haréis después de que nazca el bebé?

▲ Bueno, René acaba de terminar su especialización en cardiología y ha comenzado a trabajar en una clínica privada. Es un momento muy importante en su carrera, por lo que va a seguir trabajando. Ahora mismo a mí no me importa tomarme un descanso de la vida laboral y enfocarme en la familia. La verdad es que solo pienso en pasar tiempo con el bebé. Me parece una mala idea dejar al bebé en una guardería. Creo que lo mejor para él es pasar el máximo tiempo posible junto a sus padres. Tal vez algún día retome mi carrera como editora, posiblemente como autónoma, pero ahora mismo no pienso mucho en ello.

- ■ Bueno, me parece una buena opción para vosotros. ¿Y qué pensáis vosotros al respecto, Andrés y Silvia?
- ◆ Bueno, nosotros acabamos de mudarnos de Estados Unidos porque allí no teníamos las mismas opciones. Es una vergüenza que allí solo haya permiso de maternidad si tu empresa te lo ofrece. Y además, es muy injusto que los padres no tengan ningún tipo de permiso pagado. Ambos tenemos que volver a trabajar a tiempo completo para no interrumpir nuestras carreras laborales. Al contrario que Lisa, yo pienso que a veces es necesario dejar al bebé en una guardería, pero nosotros no nos lo podíamos permitir, por lo que decidimos volver a España y criar a nuestros hijos aquí. Tenemos mucha suerte porque los padres de Silvia viven en el mismo barrio que nosotros, así que ellos cuidarán de los niños cuando nosotros no podamos. Sí, ¡has oído bien! ¡Son gemelos!
- ■ ¡Qué emoción, Andrés! Bueno, como habéis oído, las circunstancias de cada pareja son diferentes, y en consecuencia la planificación del cuidado de los hijos. ¡Muchas gracias a todos por concedernos esta entrevista!

☒ conciliar el trabajo y la familia después de que nazca el bebé

▶ 10 2b Lösung

1. En España, después del nacimiento de un bebé, ☒ los progenitores pueden compartir el permiso.
2. Alba quiere ☒ volver a trabajar después de 14 semanas.
3. Lisa quiere ☒ pasar el máximo tiempo posible con el bebé.
4. René ☒ quiere concentrarse en su carrera.
5. Andrés y Silvia se han mudado a España ☒ porque no podían pagar una guardería en Estados Unidos.

▶ 10 2c Lösung

Él/Ella opina que...	**Alba**	**Lisa**	**Andrés**
1. el permiso de maternidad debería estar asegurado en Estados Unidos.	☐	☐	☒
2. es una mala idea dejar al bebé en una guardería.	☐	☒	☐
3. no es justo que los padres solo tengan derecho a dos días de permiso.	☐	☐	☒
4. a veces es necesario dejar al bebé en una guardería.	☐	☐	☒
5. en España el permiso de maternidad es muy corto.	☒	☐	☐
6. es importante que ambos progenitores mantengan sus carreras profesionales.	☒	☐	☐

▶ 11 2d Text / Lösung

- ● ¿Qué cree Marcos sobre los hombres en casa?
- ▲ Marcos cree que es injusto que muchos hombres no se impliquen lo suficiente en las tareas del hogar.
- ■ ¿Qué opina Alicia sobre el gobierno?
- ▲ Alicia opina que es un error que el gobierno ofrezca pocas ayudas para el cuidado de los niños.
- ● ¿Qué piensa Santiago sobre los permisos de maternidad y parternidad?
- ▲ Santiago piensa que es estupendo que, desde principios de año, los permisos de maternidad y paternidad tengan la misma duración en España.

B3 Es fundamental que el Gobierno intervenga...

▶ 12 **3a Sie hören eine Radiosendung: Welche Themen werden behandelt?**

El programa de radio trata de
- ☐ los mileniales y sus características.
- ☐ las diferencias entre las generaciones X, Y y Z.
- ☐ los problemas que tienen que afrontar los mileniales.

▶ 12 **3b Hören Sie die Radiosendung erneut und wählen Sie die Fotos aus, die zur Generation Y passen.**

☐ hiperconectados y nativos digitales

☐ orientados a la carrera profesional

☐ interesados en formar una familia

☐ viajeros y abiertos al intercambio cultural

▶ 12 **3c Hören Sie die Radiosendung ein weiteres Mal und entscheiden Sie: *verdadero* oder *falso*?**

		v	f
1.	Los mileniales son la generación nacida después del 2000.	☐	☐
2.	Es la primera generación que convive con la tecnología digital.	☐	☐
3.	Los mileniales son capaces de encontrar trabajo fácilmente.	☐	☐
4.	Los mileniales a menudo se ven obligados a vivir con sus padres.	☐	☐
5.	La generación Y se preocupa por los valores de la empresa.	☐	☐
6.	Los mileniales no están dispuestos a mudarse al extranjero.	☐	☐

▶ 12 **3d Verbinden Sie die Satzteile zu den Aussagen der Soziologin. Hören Sie die Radiosendung anschließend erneut zur Kontrolle.**

1. Es fundamental que el Gobierno...
2. Es un escándalo que un político...
3. Es bueno que las empresas...
4. Está bien que los jóvenes...
5. Es importante que el Estado...

a. quieran irse a vivir al extranjero.
b. ofrezcan beneficios atractivos.
c. ofrezca otras soluciones para motivar a los jóvenes a volver.
d. defina así a los mileniales.
e. intervenga y ayude a esta generación.

▶ 13 **3e Sie unterhalten sich jetzt mit einem spanischen Bekannten über die Unterschiede zwischen den spanischen und deutschen Millenials. Übernehmen Sie die Rolle ▲ und antworten Sie mithilfe der folgenden Angaben. Achten Sie auf die Verwendung des „subjuntivo", wenn Sie Ihre Meinung äußern.**

Ejemplo ■ En la entrevista, el presentador del programa mencionó el fenómeno de los "niños de mamá". Es cierto que en España los jóvenes permanecen en casa de sus padres durante más tiempo que jóvenes de otros países, como Alemania.

▲ Bueno, para mí / para nosotros es un poco raro que un joven de 35 años siga...

1. Sie sagen, dass es für Sie ziemlich merkwürdig ist, dass ein junger Mann mit 35 Jahren noch bei den Eltern wohnt; in Deutschland werden die jungen Leute früher unabhängig *(= independizarse)*.
2. Sie bejahen und sagen, dass es aber wichtig ist, damit die jungen Leute selbstständig und unabhängig werden können *(= volverse autónomos e independientes)*.
3. Sie stimmen zu und sagen, dass es zwar schön ist, dass die Eltern die Kinder finanziell unterstützen *(= apoyar económicamente)* wollen. Aber das ist nicht immer möglich.
4. Sie bejahen und sagen, dass es wichtig ist, dass der Staat Stipendien, Finanzierungen oder Förderungen *(= incentivos)* wie das BAföG *(= la BAföG)* bietet.

B3 Es fundamental que el Gobierno intervenga...

▶ 12 3a Text / Lösung

- ■ No están interesados en desarrollar su carrera profesional, pocas veces van a votar, estudian y viajan mucho... Este es el perfil de los mileniales. Pero, ¿quiénes son realmente y cuáles son sus características? Hablamos de ello con Ester Aguilera, socióloga, autora y experta en marketing. Buenos días.
- ● Hola y buenos días a todos. Es verdad. A menudo oímos hablar de los mileniales, de las distintas generaciones X, Y y Z, pero suele haber un poco de confusión alrededor del tema. Aclaremos las cosas. Dentro de la generación milenial incluimos a todos los jóvenes nacidos entre los años 80 y 2000: también se les conoce como Generación Y y es la última generación del siglo XX.
- ■ ¿Y cuáles son las características de estos jóvenes?
- ● Pues bien, la Generación Y fue la primera generación que convivió con la tecnología digital en sus vidas. Estos jóvenes están hiperconectados, compran por Internet y utilizan mucho las redes sociales.
- ■ Pero también son hijos de la globalización, ¿no?
- ● Exacto. A diferencia de las generaciones anteriores, los mileniales han tenido la posibilidad de viajar y desplazarse con mayor facilidad. Son tolerantes y están abiertos a conocer nuevas culturas. Son curiosos y les encanta vivir nuevas experiencias.
- ■ Según el perfil que acaba de describir, parece que estos mileniales son una generación feliz y sin problemas. Les encanta viajar, son abiertos...
- ● Por desgracia, no es el caso. Los mileniales también son hijos de una gran crisis económica, que comenzó en 2007. Estos jóvenes tienen dificultades para encontrar trabajo y a menudo se ven obligados a quedarse viviendo con sus padres.
- ■ Sí, es verdad. A menudo oímos que los mileniales son niños de mamá, que no quieren independizarse.
- ● Es que... no pueden independizarse... porque no tienen un trabajo y un salario adecuados. Y por eso, en mi opinión, es fundamental que el Gobierno intervenga y ayude a esta generación, por ejemplo, con financiaciones o becas.
- ■ Por cierto... recientemente un político llamó "perezosos" a los mileniales por estar poco interesados en el mundo laboral y en su carrera profesional.
- ● Mire, es un escándalo que un político defina así a los mileniales. Los jóvenes de la generación Y no son en absoluto perezosos, sino que se enfrentan a un mercado laboral difícil. A menudo tienen que hacer sacrificios, aceptando prácticas no pagadas, por ejemplo.
- ■ En su libro, usted afirma que las prioridades de los mileniales no son las mismas que las de los jóvenes de generaciones anteriores. ¿Qué quiere decir exactamente con eso?

- ● En general, los mileniales no están interesados en formar una familia. O más bien, el matrimonio no es uno de sus principales objetivos en la vida.
- ■ Entonces supongo que se casarán más tarde o solamente se irán a vivir juntos…
- ● Así es. Además, a la hora de trabajar, no están tan orientados a la carrera profesional y al salario, sino que están más atentos a la cultura y los valores de las empresas. Prefieren trabajar en empresas con objetivos sociales o que fomenten la conciliación de la vida laboral y la vida privada. Es bueno que las empresas ofrezcan beneficios atractivos, por ejemplo, permisos sabáticos o teletrabajo.
- ■ ¿Por qué?
- ● Bueno, pues porque en 2050 los mileniales representarán el 50 % de toda la población activa.
- ■ Claro. Y, mire, según una encuesta reciente, la mayoría de los mileniales están dispuestos a irse de España para vivir y trabajar en otro país. ¿Qué le parece esto?
- ● Lo veo como una señal positiva, pero al mismo tiempo preocupante. Está bien que los jóvenes quieran irse a vivir al extranjero, el problema sería que luego no quieran volver a España.
- ■ ¿Y cómo se puede resolver este problema?
- ● Pues ya hay incentivos para que los jóvenes vuelvan a España, pero no es suficiente. Es importante que el Estado ofrezca otras soluciones para motivar a los jóvenes a volver.
- ■ Muchas gracias por su participación. Pasemos ahora a vuestras preguntas…

El programa de radio trata de ☒ los mileniales y sus características.
☒ los problemas que tienen que afrontar los mileniales.

▶ 12 3b Lösung

☒ hiperconectados y nativos digitales ☒ viajeros y abiertos al intercambio cultural

▶ 12 3c Lösung

	v	f
1. Los mileniales son la generación nacida después del 2000.	☐	☒
Los mileniales son los jóvenes nacidos entre 1980 y 2000.		
2. Es la primera generación que experimenta la tecnología digital.	☒	☐
3. Los mileniales son capaces de encontrar trabajo fácilmente.	☐	☒
Los mileniales tienen dificultades para encontrar trabajo por la crisis económica y por un mercado laboral difícil.		

4. Los mileniales a menudo se ven obligados a vivir con sus padres. ☒ ☐
5. La Generación Y se preocupa por los valores de la empresa. ☒ ☐
6. La mayoría de los mileniales no están dispuestos a mudarse al extranjero. ☐ ☒

La mayoría de los mileniales están dispuestos a irse de España.

▶ 12 3d Lösung

1. Es fundamental que el gobierno... e. intervenga y ayude a esta generación.
2. Es un escándalo que un político... d. defina así a los mileniales.
3. Es bueno que las empresas... b. ofrezcan beneficios atractivos.
4. Está bien que los jovenes... a. quieran irse a vivir al extranjero.
5. Es importante que el Estado... c. ofrezca otras soluciones para motivar a los jóvenes a volver.

▶ 13 3e Lösung

■ En la entrevista, el presentador del programa mencionó el fenómeno de los "niños de mamá". Es cierto que en España los jóvenes permanecen en casa de sus padres durante más tiempo que jóvenes de otros países, como Alemania.

● *Bueno, para mí / para nosotros es un poco raro que un joven de 35 años siga viviendo en casa de sus padres. En Alemania los jóvenes se independizan pronto.*

■ Sí, es verdad. Se suelen ir de casa a los 18 o 19 años, en cuanto terminan la escuela. Pero es bastante pronto...

● *Sí, pero es importante para que los jóvenes puedan volverse autónomos e independientes.*

■ Pero para ello necesitas dinero y un trabajo estable. O el apoyo financiero de los padres.

● *Sí, es bueno / está bien que los padres quieran apoyar a sus hijos económicamente. Pero no siempre es posible.*

■ Sí, estoy de acuerdo. Pero en Alemania el Estado garantiza buenas condiciones para los estudiantes.

● *Sí, es importante que el Estado ofrezca becas, financiaciones e incentivos como la BAföG.*

C Es una serie de culto.

C1 Me apasionan las series de televisión.

▶ 14 **1a Iker und Cecilia kommen im Büro ins Gespräch. Hören Sie zu und entscheiden Sie, worüber die beiden sprechen.**

Iker y Cecilia hablan de ☐ series de televisión.
☐ cine internacional. ☐ doblaje y subtítulos.
☐ los premios de la crítica cinematográfica.

▶ 14 **1b Hören Sie das Gespräch noch einmal und entscheiden Sie: *verdadero* oder *falso*?**

		v	f
1.	Iker acaba de empezar a ver series de televisión.	☐	☐
2.	La pasión de Iker por las series comenzó cuando vio una serie de culto.	☐	☐
3.	Cecilia siempre consigue terminar las series que empieza.	☐	☐
4.	A Iker le encanta escuchar las voces originales de los actores y actrices.	☐	☐
5.	Cecilia aprendió inglés viendo una serie de televisión sobre médicos.	☐	☐
6.	Cecilia suele ver las series de televisión con subtítulos.	☐	☐

▶ 14 **1c Welche Seriengenres schauen sich Cecilia und Iker gerne an? Ergänzen Sie unter den Fotos C für Cecilia oder I für Iker.**

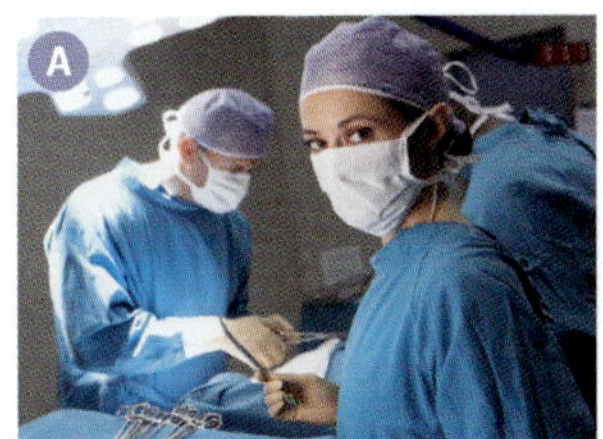

A

C/I drama

B

____ distopía

C

____ comedia

D

____ acción

E

____ ciencia ficción

F

____ suspense

▶ 15 **1d Hören Sie die Fortsetzung des Gesprächs. Wie ansteckend ist Ikers Leidenschaft für Serien?**

Iker ☐ consigue ☐ no consigue convencer a Cecilia de ver *Vientos de Norderian*.

▶ 15 **1e Hören Sie noch einmal und ergänzen Sie die Tabelle mit den Informationen zur Serie.**

Título	*Vientos de Norderian*
País de producción	
Número de temporadas	
Episodios por temporada	
Género	
Tiempo en el que se desarrolla la acción	
Lugar en el que se sitúa la acción	
Temas	

1f Lesen Sie die folgenden beiden kurzen Zusammenfassungen: Welche passt zur Handlung der Serie, von der Iker berichtet?

A

En un mundo dividido entre Norte y Sur, las familias ricas luchan contra las familias pobres para conseguir el trono que se encuentra en la capital Mirabilia. La situación empeora con la llegada de vientos cálidos del Norte que despiertan criaturas monstruosas como leones voladores y serpientes que escupen fuego. ☐

B

En un mundo dividido entre Norte y Sur, las familias ricas luchan entre ellas por la espada que se encuentra en el castillo de Mirabilia. La situación empeora con la llegada de vientos helados del norte que despiertan criaturas monstruosas como elefantes voladores y dragones que escupen hielo. ☐

▶ 16 **1g Sie unterhalten sich nun mit einem spanischen Bekannten über TV-Serien. Übernehmen Sie die Rolle ▲ und beantworten Sie die Fragen mithilfe der Angaben.**

■ Todos estos servicios de *streaming* están llenos de series de televisión. Bueno, se ha convertido en una especie de moda. ¿Te gustan?

Sie bejahen und sagen, dass Sie seit einigen Jahren Serienfan sind.

▲ Sí, soy ______________________________

____

■ ¿Cuál es tu género favorito?

Sie sagen, dass Ihnen Action-Serien am liebsten sind, in denen der Protagonist Hindernisse und schwierige Situationen bewältigen (= superar) *muss. Sie sind kein Freund* (= ser aficionado a) *von Komödien.*

▲ ______________________________

____

____

____

■ ¿Pero ves las series en versión original o dobladas?

Wenn Sie die Sprache kennen, dann schauen Sie sie im Original an.

▲ ______________________________

____

■ ¿Y utilizas subtítulos?

Sie bejahen, manchmal nutzen Sie auch die Untertitel, um besser zu verstehen.

▲ ______________________________

____

■ ¿Y tienes una serie preferida?

Sie sagen, dass Secrets of Berlin *Ihre Lieblingsserie ist. Sie sehen sie schon seit drei Jahren und können es kaum erwarten* (= estar impaciente por)*, die achte und letzte Staffel zu sehen.*

▲ ______________________________

____

____

____

■ ¡Madre mía! ¿Ocho temporadas? Ahora tengo curiosidad. ¿De qué trata la serie?

Die Serie spielt in (= desarrollarse en) *Berlin während des Kalten Krieges* (= Guerra Fría). *Sie erzählt die Geschichte von Matthias, einem Mathe-Lehrer, der zum Spion der Russen wird.*

▲ ______________________________

____

____

____

■ Bueno, ¿sabes qué? ¡Creo que empezaré a verla esta noche!

C1 Me apasionan las series de televisión.

▶ 14 **1a Text / Lösung**

■ Uff, ¡vaya día! Hoy no he parado ni un minuto...

● ¡Venga, Iker, que ya queda menos! En una hora terminamos. ¿Tienes planes para esta noche?

■ Pues... hoy toca tarde de relajación. Estoy deseando llegar a casa, ponerme cómodo, sentarme en el sofá y tal vez ver un par de episodios de alguna serie de televisión.

● Ah, ¿tú también has caído en la moda de las series?

■ En realidad soy fan desde que era un niño. ¿Recuerdas aquella serie sobre una niña desaparecida en un pequeño pueblo de Estados Unidos?

● Sí, claro. Es una serie de culto. Si no me equivoco, fue rodada por un director muy importante.

■ ¡No solo eso! También influyó en muchas producciones posteriores. Desde entonces me apasionan las series de televisión. A veces, sobre todo en invierno, me paso el fin de semana en casa y veo un episodio tras otro. Incluso puedo acabarme una temporada entera en un día.

● ¡Bueno, ya veo que eres casi adicto a las series! Yo estoy suscrita a un servicio de *streaming* en línea, pero últimamente prefiero ver documentales o películas. Es que no sé... empiezo una serie, veo dos o tres episodios y la abandono a mitad de camino porque la encuentro lenta o aburrida.

■ O tal vez todavía no has encontrado una serie lo suficientemente interesante.

● Sí... a lo mejor tienes razón. ¿Cuál es tu género preferido?

■ Bueno, me gusta mucho el suspense. Me encantan las series en las que se resuelven crímenes y me gusta identificarme con el detective que intenta encontrar al asesino. También me encantan las series de ciencia ficción sobre viajes espaciales en los que se descubren mundos desconocidos. Y luego también me apasionan las series distópicas, que muestran al espectador un futuro deprimente y fascinante. ¿Y qué te gusta ver a ti?

● Pues yo estoy abierta a distintos géneros. Suelo ver comedias, porque necesito algo ligero para distraerme y reírme un poco. Y luego también me gustan las series de acción con mucha tensión... y los dramas también. Cuando era pequeña era fan de una serie muy conocida sobre médicos que luchaban por sus pacientes. ¿Te acuerdas?

■ Por supuesto que me acuerdo: ¡la mítica serie *Doctor You*! Yo también la veía... ¡así aprendí inglés!

● ¿En serio? ¿Entonces la has visto en versión original?

- ■ Sí. Es que prefiero ver las series en versión original, si puedo. No soporto el doblaje, aunque esté muy bien hecho, como en España. Para mí es fundamental escuchar a los actores con su voz verdadera. Creo que cualquier obra, ya sea una película, una obra de teatro o una serie, debe verse en su idioma original. ¿Y tú?
- ● Bueno, depende. Si son producciones complicadas, prefiero verlas dobladas al español. Si no, no entiendo la trama... y si pongo subtítulos, no me puedo concentrar. Los subtítulos me molestan un montón.
- ■ No me digas... Pues yo a veces pongo los subtítulos en el idioma original...
- ● Bueno, con tus conocimientos de inglés me imagino que lo entenderás todo. Oye, ya que eres todo un experto, ¿por qué no me recomiendas una buena serie que no abandone a la mitad?
- ■ Pues mira, podrías ver...

Iker y Cecilia hablan de ☒ series de televisión. ☒ doblaje y subtítulos.

▶ 14 1b Lösung

		v	f
1.	Iker acaba de empezar a ver series de televisión.	☐	☒
	Iker es fan de las series desde que era un niño.		
2.	La pasión de Iker por las series comenzó cuando vio una serie de culto.	☒	☐
3.	Cecilia siempre consigue terminar las series que empieza.	☐	☒
	Cecilia empieza una serie, ve dos o tres episodios y la abandona a mitad de camino.		
4.	A Iker le encanta escuchar las voces originales de los actores y actrices.	☒	☐
5.	Cecilia aprendió inglés viendo una serie de televisión sobre médicos.	☐	☒
	Iker aprendió inglés viendo una serie sobre médicos.		
6.	Cecilia suele ver las series de televisión con subtítulos.	☐	☒
	Cecilia no suele poner los subtítulos porque le molestan.		

▶ 14 **1c Lösung**

A: *C* / *I* drama B: *I* distopía C: *C* comedia

D: *C* acción E: *I* ciencia ficción F: *I* suspense

▶ 15 **1d Text / Lösung**

- ● Oye, ya que eres todo un experto, ¿por qué no me recomiendas una buena serie que no abandone a la mitad?
- ■ Pues mira, podrías ver *Vientos de Norderian*, una producción estadounidense con seis temporadas. La serie es bastante larga, porque cada temporada tiene entre ocho y diez episodios que duran unos 45 minutos. Pero creo que podría gustarte.
- ● Ah, he oído hablar a menudo de esa serie, pero nunca la he visto. También tengo muchos amigos que la ven, pero... No sé... Vi el tráiler y parece que es una serie de fantasía, ¿no?
- ■ Bueno, *Vientos de Norderian* es difícil de clasificar... Sí, podríamos decir que se trata de una serie de fantasía. Y de hecho hay elementos sobrenaturales, personajes con poderes especiales y criaturas fantásticas. Pero también hay elementos de otros géneros, como el drama y el suspense.
- ● Bueno, pues cuéntame más. Ahora tengo curiosidad. A ver si me convences de que la vea.
- ■ La trama se desarrolla en un período histórico fantástico, comparable a nuestra Edad Media. La acción se sitúa en un mundo ficticio compuesto por Norderian, el Norte, que es también el continente más rico, y Suderian, el continente del sur y el más pobre.
- ● Me parece una visión y división del mundo un tanto estereotipada. Riqueza en el Norte y pobreza en el Sur...
- ■ Bueno, en toda la serie persiste este contraste entre el Norte y el Sur. La trama de *Vientos de Norderian* gira en torno a la lucha entre familias ricas que quieren conseguir el poder. Gran parte de la historia se desarrolla en Mirabilia, la capital del continente del Norte, donde hay un castillo en el que se encuentra la espada del poder. Quien la consiga tendrá el control de los dos continentes. Las familias de todo el mundo se enfrentan en complejos juegos de poder, alianzas e intrigas para conquistar el castillo de Mirabilia y gobernar el mundo.
- ● Hasta aquí parece el argumento de una película o serie histórica. ¿Cuál es el elemento fantástico de la historia?
- ■ ¡Ahora viene la parte interesante! La situación empeora cuando los vientos helados del Norte despiertan criaturas monstruosas y fuerzas oscuras: las familias tienen que luchar contra dragones que escupen hielo y elefantes voladores.

- ● La trama es bastante compleja, pero me parece cautivadora.
- ■ Sí, y también hay muchos personajes en la serie y se tratan temas muy importantes: las relaciones entre padres e hijos... las luchas de poder... el amor entre miembros de familias enemistadas. La serie ha tenido mucho éxito y tiene muchos fans.
- ● ¿Sabes qué? ¡Me has convencido! Creo que empezaré a verla esta noche...
- ■ Sí, estoy seguro de que te va a gustar.
- ● Si no me equivoco, la serie está basada en un libro, ¿no? Hace poco hablaba de ello con... con... madre mía, estaba hablando el otro día con alguien...
- ■ Sí, la serie está basada en una saga. Yo nunca he leído los libros. Me parecen demasiado largos, cada tomo tiene más de 600 páginas. Tal vez es que no soy muy aficionado a la lectura...
- ● ¡Ah, ya recuerdo quién me lo dijo! Juan, el chico del departamento de *marketing*. Creo que ha leído todos los libros. Me dijo que hace poco estuvo en un festival de fantasía o algo así...
- ■ ¿En serio? Cuando lo vea le preguntaré. Entonces, ¿qué vas a hacer esta noche? ¿Vas a ver *Vientos de Norderian*?
- ● Sí, supongo que sí.

Iker ☒ consigue convencer a Cecilia de ver *Vientos de Norderian*.

▶ 15 **1e Lösung**

Título	*Vientos de Norderian*
País de producción	*Estados Unidos*
Número de temporadas	*6*
Episodios por temporada	*8–10*
Género	*fantasía, drama, suspense*
Tiempo en el que se desarrolla la acción	*período histórico fantástico, comparable con la Edad Media*
Lugar en el que se sitúa la acción	*mundo ficticio compuesto por Norderian, el Norte, y el Sur, Suderian*
Temas	*relaciones entre padres e hijos, lucha por el poder, amor entre miembros de familias enemistadas*

1f Lösung

Zur Handlung der Serie passt Zusammenfassung B.

▶ 16 **1g Text / Lösung**

- ■ Todos estos servicios de streaming están llenos de series de televisión. Bueno, se ha convertido en una especie de moda. ¿Te gustan?
- ● *Sí, soy fan de las series de televisión desde hace algunos años.*
- ■ ¿Cuál es tu género favorito?
- ● *Prefiero las series de acción en las que el protagonista tiene que superar obstáculos y situaciones difíciles. No soy muy aficionado / aficionada a las comedias.*
- ■ ¿Pero ves las series en versión original o dobladas?
- ● *Si conozco el idioma, las veo en versión original.*
- ■ ¿Y utilizas subtítulos?
- ● *Sí, a veces también utilizo los subtítulos para entender mejor.*
- ■ ¿Y tienes una serie preferida?
- ● *Mi serie preferida es* Secrets of Berlin. *La veo desde hace tres años y estoy impaciente por ver la octava y última temporada.*
- ■ ¡Madre mía! ¿Ocho temporadas? Ahora tengo curiosidad. ¿De qué trata la serie?
- ● *La serie se desarrolla en Berlín durante la Guerra Fría. Cuenta la historia de Matthias, un profesor de matemáticas que se convierte en espía de los rusos.*
- ■ Bueno, ¿sabes qué? ¡Creo que empezaré a verla esta noche!

C2 ¡Me lo leí de principio a fin!

▶ 17 **2a Juan, der Kollege aus dem Marketing, kommt zufällig bei Cecilia und Iker im Büro vorbei und das Gespräch über *Vientos de Norderian* geht weiter. Was trifft auf Juan zu?**

Juan es fan ☐ de la serie. ☐ del libro. ☐ de la serie y del libro.

▶ 17 **2b Hören Sie das Gespräch zwischen Cecilia, Iker und Juan erneut und ergänzen Sie die folgenden Sätze mit der jeweils richtigen Option.**

1. La serie ☐ tiene ☐ no tiene el mismo título que el libro.
2. Juan nunca ha visto la serie para ☐ no decepcionarse. ☐ no engancharse.
3. ☐ El título ☐ La portada del libro llamó la atención de Juan.
4. Antes de leer el libro, Juan ☐ ya era ☐ todavía no era fan del género fantástico.
5. Juan ☐ aún no ha terminado ☐ ya ha terminado de leer la saga.

▶ 18 **2c Hören Sie nun, was Cecilia ihren beiden Kollegen im weiteren Verlauf des Gesprächs vorschlägt.**

Cecilia propone que ☐ Juan vea la serie con Iker.
☐ Juan le preste el libro a Iker.
☐ Iker lea el libro y Juan vea la serie.

▶ 18 **2d Hören Sie noch einmal und entscheiden Sie, welche Adjektive jeweils passen.**

1. La trama de *Tormentas en Norderian* es ☐ intrigante. ☐ convincente. ☐ anticuada.
2. La historia que se cuenta es ☐ auténtica. ☐ banal. ☐ bonita.
3. El estilo del autor es ☐ detallado. ☐ pesado. ☐ fluido.
4. Los personajes son ☐ profundos. ☐ superficiales. ☐ creíbles.

▶ 19 **2e Sie unterhalten sich nun mit einem Freund über Bücher. Übernehmen Sie die Rolle ▲ und beantworten Sie die Fragen mithilfe der Angaben.**

■ Oye, ¿has leído el último libro de Arturo de la Cueva?

Sie bejahen und sagen, dass Sie es letzte Woche zu Ende gelesen haben.

▲ ______________________________

____

■ ¿Qué? ¿Ya? ¡Pero si acaba de salir! ¡Eres un/una devorador/a de libros! ¿Y qué tal?

Sie haben es in einem Rutsch (= de principio a fin) *durchgelesen. Die Handlung ist spannend und fesselt dich* (= te engancha) *von der ersten bis zur letzten Seite.*

▲ ______________________________

____

____

■ ¿De verdad? Leí una crítica en el periódico, pero no me convenció. ¿Cómo es el estilo del autor?

Der Stil des Autors ist klar (= claro) *und flüssig, und die Szenen sind so detailliert beschrieben, dass du die Emotionen der Protagonisten miterleben kannst.*

▲ ______________________________

____

____

____

■ Ah... normalmente la narración de De la Cueva tiene un ritmo muy lento...

Sie verneinen und sagen, dass der Erzählrhythmus in diesem Buch schnell ist und die Dialoge realistisch und dynamisch sind.

▲ ______________________________

____

____

____

■ ¿Y cómo son los personajes?

Der Autor beschreibt aufmerksam ihre Persönlichkeit und skizziert (= trazar) *ein präzises psychologisches Profil* (= perfil psicológico).

▲ ______________________________

____

____

■ ¡Ahora tengo curiosidad! Me compraré el libro electrónico y le daré una oportunidad...

C2 ¡Me lo leí de principio a fin!

▶ 17 **2a Text / Lösung**

- ● ¡Oye, Juan! Justamente estábamos hablando de ti...
- ▲ ¿De mí?
- ● Bueno, estábamos hablando de la serie de televisión *Vientos de Norderian* y le estaba contando a Iker que tú eres fan.
- ▲ Bueno, en realidad no conozco la serie. Pero he leído casi todos los libros de la saga. Y por cierto, el título original no es *Vientos de Norderian*, sino *Tormentas en Norderian*.
- ■ ¡No me digas! No sabía que el libro tenía otro título. ¿Pero de verdad no has visto ni un solo episodio?
- ▲ No... no soy muy aficionado a las series de televisión, prefiero leer a ver la tele. He oído hablar mucho de la serie *Vientos de Norderian*, pero nunca la he visto porque tenía miedo de que me decepcionara. Temo que arruine la magia y la atmósfera que consiguen crear los libros. Ten en cuenta que puedo leerme un libro de la saga por semana.
- ■ ¿600 páginas en una semana? ¿Cómo lo haces? ¡Eres un devorador de libros!
- ▲ Sí, siempre he leído mucho, incluso de niño. Por las noches me encanta sentarme en el sofá con un buen libro y sumergirme en sus páginas.
- ■ ¿Y cuándo empezaste a leer *Vientos de Norderian*, o mejor dicho, *Tormentas en Norderian*?
- ▲ Encontré el primer libro un poco por casualidad. Tenía 16 años y estaba en Barcelona con un amigo visitando la ciudad. En aquel momento era la Feria del Libro y había puestos y mercadillos por todas partes. Mientras paseaba, llamó mi atención la ilustración tan especial de la portada de *Tormentas en Norderian* y me impresionó inmediatamente. Y como el libro costaba sólo cinco euros, aproveché y me lo llevé.
- ● Así que, fue... ¡amor a primera vista!
- ▲ Bueno, realmente no. Al principio era un poco escéptico, porque en ese momento la fantasía era un género que no conocía. Pero cuando empecé a leerlo, no podía parar. Ten en cuenta que el primer volumen tiene más de 500 páginas, pero me lo leí de principio a fin en poco más de tres días.
- ■ ¿Y cuántos libros has leído ya?
- ▲ Bueno, de momento la saga tiene cinco libros. He leído cuatro de ellos y me falta el último, que se ha publicado recientemente.
- ● Pero explícame un poco cómo...

Juan es fan ☒ del libro.

▶ 17 2b Lösung

1. La serie ☒ no tiene el mismo título que el libro.
2. Juan nunca ha visto la serie para ☒ no decepcionarse.
3. ☒ La portada del libro llamó la atención de Juan.
4. Antes de leer el libro, Juan ☒ todavía no era fan del género fantástico.
5. Juan ☒ aún no ha terminado de leer la saga.

▶ 18 2c Text / Lösung

▲ ...que se ha publicado recientemente.

● Pero explícame un poco cómo te cautivó la saga. ¿Qué es lo que te mantiene pegado a los libros durante tantas horas?

▲ Bueno, toda la saga te transporta a una dimensión fantástica y es como retroceder en el tiempo. Cuando leo los libros de Cooper, todo lo que me rodea desaparece y me siento como si estuviera en otro tiempo y lugar. La trama es muy intrigante y convincente, está llena de sorpresas.

● Bueno, ese es el poder de la literatura. Pero no sé... Los libros de fantasía tienen criaturas surrealistas, los personajes tienen poderes sobrenaturales... ¿Cómo consigues sentirte parte de ese mundo fantástico?

▲ Es que en la saga de Cooper la historia que se cuenta es muy auténtica. En mi opinión, este es el gran mérito del autor: consigue describir problemas sociales y políticos actuales en un mundo surrealista. Los libros se podrán leer incluso dentro de 100 años y seguirán siendo muy relevantes.

■ ¿Y cómo es el estilo del autor? He visto la serie, ¡pero los libros me parecen tan largos!

▲ ¡Para nada! Los libros están muy bien narrados. El estilo del autor es detallado, pero fluido, para nada pesado. Tiene un buen ritmo y, ¡puedes leerte la mitad casi sin darte cuenta!

■ ¿Y cuál es el aspecto del libro que más te gusta?

▲ Pues lo que a mí me apasiona es la descripción de los personajes. Todos son profundos y creíbles, están muy bien descritos, y las relaciones entre ellos se desarrollan de manera muy natural y compleja.

● Cuando pienso en la serie, hay muchos personajes que me gustaron, pero hay otros que odié. ¿Qué personaje fue el que más te gustó?

▲ Pues Tallia, la princesa de Norderian. Lo que más me gustó fue el desarrollo de su personaje: al principio es una niña inocente e ingenua, pero al final pasa a ser una mujer madura y decidida... Al final del libro gana la lucha contra Petroros y consigue la espada de poder.

■ Pero, ¿cómo? ¡No, Tallia muere en la quinta temporada! Se sacrifica en la lucha contra Petroros para salvar a su familia.

▲ Tal vez eso es lo que sucede en la serie... Pero en el libro su historia es diferente...

■ Seguro que adaptaron la serie para crear más suspense. Me pregunto qué otras diferencias habrá entre el libro y la serie...

● ¿Sabéis lo que podéis hacer? Tú, Iker, puedes empezar a leer el primer libro, y Juan, tú puedes empezar a ver la serie. Luego, dentro de un par de semanas podéis juntaros e intercambiar algunas opiniones al respecto. ¿Qué decís?

■ Juan, ¿te apuntas?

▲ Pues sí... ¡acepto el reto!

Cecilia propone que ☒ Iker lea el libro y Juan vea la serie.

▶ 18 **2d Lösung**

1. La trama de *Tormentas en Norderian* es ☒ intrigante. ☒ convincente.
2. La historia que se cuenta es ☒ auténtica.
3. El estilo del autor es ☒ detallado. ☒ fluido.
4. Los personajes son ☒ profundos. ☒ creíbles.

▶ 19 **2e Text / Lösung**

■ Oye, ¿has leído el último libro de Arturo de la Cueva?

● *Sí, terminé de leerlo la semana pasada.*

■ ¿Qué? ¿Ya? ¡Pero si acaba de salir! ¡Eres un/una devorador/a de libros! ¿Y qué tal?

● *Me lo leí de principio a fin. La trama es intrigante y te engancha de la primera a la última página.*

■ ¿De verdad? Leí una crítica en el periódico, pero no me convenció. ¿Cómo es el estilo del autor?

● *El estilo del autor es claro y fluido, y las escenas se describen con tanto detalle que puedes vivir las emociones de los protagonistas.*

■ Ah... normalmente la narración de De la Cueva tiene un ritmo muy lento...

● *No, en este libro el ritmo de la narración es rápido y los diálogos son realistas y dinámicos.*

■ ¿Y cómo son los personajes?

● *El autor describe con atención su personalidad y traza un perfil psicológico detallado.*

■ ¡Ahora tengo curiosidad! Me compraré el libro electrónico y le daré una oportunidad...

C3 La serie es buena, pero...

▶ 20 **3a Iker und Juan treffen sich drei Wochen später, um sich über die Bücher und die Serie zu unterhalten. Zu welchem Schluss kommen die beiden?**

- ☐ Los libros son un poco mejores que la serie.
- ☐ La serie es mucho más entretenida y menos aburrida que los libros.
- ☐ Los libros y la serie, aunque diferentes, son igual de buenos.

▶ 20 **3b *Verdadero* oder *falso*? Hören Sie das Gespräch noch einmal und entscheiden Sie, ob die folgenden Aussagen auf die im Gespräch geäußerten Meinungen zutreffen.**

	v	f
1. En la serie las escenas se describen tan detalladamente como en el libro.	☐	☐
2. En los libros la narración es más fluida que en la serie.	☐	☐
3. A Juan, la serie no le entusiasmó tanto como los libros.	☐	☐
4. Los personajes son menos creíbles en los libros que en la serie.	☐	☐
5. En los libros hay más personajes que en la serie.	☐	☐

▶ 21 **3c Vergleichen Sie nun selbst eine Serie mit Ihrer Buchvorlage. Beantworten Sie dazu die Fragen Ihrer Gesprächspartnerin mithilfe der folgenden Angaben.**

Ejemplo ■ ¿Cómo se describe la trama en el libro?

▲ En el libro, la trama es mucho más aburrida que en la serie.

0. Im Buch ist die Handlung viel langweiliger als in der Serie.
1. Meiner Meinung nach ist der Regisseur genauso gut wie der Autor.
2. Die dritte Staffel ist nicht so langweilig wie die zweite.
3. Die Handlung in der Serie wird weniger detailliert beschrieben als im Buch.
4. In der Serie sind die Figuren weniger glaubwürdig als im Buch.

C3 La serie es buena, pero...

▶ 20 **3a Text / Lösung**

- ■ Bueno, Juan, ¿qué te ha parecido la serie?
- ▲ Pues debo decir que me ha sorprendido positivamente y me ha mantenido pegado a la pantalla hasta el último minuto.
- ■ ¡Sabía que te iba a gustar!
- ▲ Pero no la prefiero a los libros, para nada. Admito que la serie es bastante fiel a la saga de Cooper, pero muchos aspectos se han perdido: algunos acontecimientos se tratan de forma muy superficial...
- ■ Sí, en eso estoy de acuerdo contigo. Es que la televisión tiene que comprimir un gran número de páginas en poco tiempo, y es normal que algunos eventos no se cuenten de forma tan detallada como en el libro.
- ▲ Sí, en los libros cada escena se presenta más detalladamente que en la serie. El escritor dedica páginas enteras a la descripción del contexto y de los lugares...
- ■ En los libros de Cooper la narración no es tan fluida como en la serie, el director elimina los bloques que hacen la lectura lenta y se centra solo en algunos aspectos. Lo que no soporto del estilo de Cooper es su obsesión por los detalles: el autor dedica quince páginas a una escena irrelevante que en la serie de televisión se cuenta en 30 segundos. En la serie, la acción es más ágil y sencilla que en los libros.
- ▲ ¡Pero si eso es lo bueno de la saga! Con los libros puedes tener tu propia idea de la historia basada en las descripciones del autor, en cambio, la serie no da tanta libertad a la imaginación. Y por eso la serie no me entusiasmó tanto como los libros.
- ■ Sí, entiendo lo que quieres decir. En la pantalla todo está ya definido por el guionista, mientras que los libros permiten imaginar lugares y personajes con mayor libertad. Pero en la serie de televisión el director hizo un trabajo extraordinario.
- ▲ Sí, sí, no digo que no. Es una serie bien hecha... pero los libros te transportan a otra dimensión.
- ■ Bueno, al fin y al cabo, los efectos especiales de la serie hacen que las escenas sean tan vivas que también crees que estás allí con los protagonistas.
- ▲ Sí, pero, de todos modos, lo que no me ha gustado es cómo el director ha tratado a los personajes...
- ■ ¿Por qué?
- ▲ En los libros los personajes se describen más detalladamente que en la serie, y por eso son más creíbles. Digamos que en esto el autor es mucho más cuidadoso y preciso que los guionistas.

- ■ Eh... ¿puedes ponerme un ejemplo?
- ▲ Pues en el libro Lena es una mujer fuerte e imperturbable. Está atada a su familia y tiene miedo por sus hijos. Haría cualquier cosa por ellos. En la serie, sin embargo, aparece como una persona cínica, fría y despiadada. Por eso, en mi opinión, los personajes del libro son más convincentes que los de la serie de televisión.
- ■ Pues es verdad. Pero la elección de los actores es perfecta.
- ▲ Ah, y otra cosa: en los libros aparecen muchos más personajes que en la serie. Quizá sean personajes menores como Nasti, pero cuentan anécdotas que dan respuesta a algunos enigmas que no se resuelven en la serie...
- ■ Es cierto... Nasti no aparece en ninguna de las temporadas y por eso no sabemos por qué Fremus decide irse a Suderian...
- ▲ Bueno, podríamos estar aquí horas y horas hablando de las diferencias entre la serie y los libros... Pero en definitiva, ¿qué piensas? ¿Libro o serie?
- ■ La serie es una obra maestra, los libros también. Son dos formas de contar una historia, pero ambas están muy bien hechas. Y tú, ¿qué opinas?
- ▲ Estoy de acuerdo. Los libros y la serie son algo diferentes, pero eso no hace que la serie sea menos buena que el libro. De hecho, superó mis expectativas: los libros están increíblemente bien escritos y la serie está rodada con habilidad y profesionalidad.

☒ Los libros y la serie, aunque diferentes, son igual de buenos.

▶ 20 3b Lösung

	v	f
1. En la serie las escenas se describen tan detalladamente como en el libro. *En los libros cada escena se presenta más detalladamente que en la serie.*	☐	☒
2. En los libros la narración es más fluida que en la serie. *En los libros la narración no es tan fluida como en la serie.*	☐	☒
3. A Juan, la serie no le entusiasmó tanto como los libros.	☒	☐
4. Los personajes son menos creíbles en los libros que en la serie. *Los personajes se describen más detalladamente en los libros, y por eso son más creíbles.*	☐	☒
5. En los libros hay más personajes que en la serie.	☒	☐

▶ 21 **3c Text / Lösung**

■ 1. En tu opinión, ¿quién es mejor, el director o el autor?

▲ *En mi opinión el director es tan bueno como el autor.*

■ 2. ¿Qué opinas de la tercera temporada?

▲ *La tercera temporada no es tan aburrida como la segunda.*

■ 3. ¿Qué te parece la trama de la serie?

▲ *La trama en la serie se cuenta menos detalladamente que en el libro.*

■ 4. ¿Y qué piensas de los personajes?

▲ *En la serie los personajes son menos creíbles que en el libro.*

D El amor está en el aire

D1 He encontrado a mi media naranja...

▶ 22 **1a Julia und Carlos treffen sich auf einen Aperitif. Während sie auf ihren Freund Sergio warten, unterhalten sie sich. Worüber reden sie?**

Julia y Carlos hablan
- ☐ sobre su vida laboral.
- ☐ sobre su vida sentimental.
- ☐ sobre la vida sentimental de Sergio.

▶ 22 **1b Hören Sie die Unterhaltung noch einmal und kreuzen Sie an: *verdadero* oder *falso*?**

	v	f
1. Sergio llega tarde porque tiene que prepararse para salir.	☐	☐
2. Anne y Sergio se conocen desde hace dos años.	☐	☐
3. Anne y Sergio tienen una relación a distancia.	☐	☐
4. Carlos cree que las relaciones a distancia funcionan bien.	☐	☐
5. Julia cree que las relaciones a distancia tienen su lado positivo.	☐	☐

▶ 23 **1c Nach einer kleinen Verspätung stößt Sergio dazu und die drei Freunde unterhalten sich weiter. Hören Sie die Fortsetzung und entscheiden Sie, welches Bild zu welcher Person passt.**

Julia • Sergio • Carlos

____

____

____

▶ 23 **1d Hören Sie das Gespräch noch einmal und kreuzen Sie an.**

1. Sergio y Anne se conocieron
   ☐ en un viaje de negocios. ☐ en una aplicación de citas.
2. Anne ☐ no tiene planeado mudarse. ☐ quiere encontrar trabajo en Madrid.
3. Sergio y Anne tienen en común el amor por ☐ la naturaleza.
   ☐ la arquitectura. ☐ la montaña. ☐ el mar. ☐ la literatura. ☐ el arte.
4. Julia y su pareja ☐ tienen ☐ no tienen intención de casarse.
5. Julia ☐ quiere ☐ no quiere tener hijos algún día.
6. Carlos ☐ está separado ☐ está divorciado de su mujer.

▶ 24 **1e Sie treffen einen alten Freund, den Sie seit einiger Zeit nicht gesehen haben. Er erkundigt sich nach einer gemeinsamen Freundin. Beantworten Sie die Fragen mithilfe der Angaben.**

■ Oye, ¿sabes algo de Rosana? Hace años que no la veo.

Es geht ihr gut. Sie treffen sich ziemlich oft.

● *Está bien. Nos* ______________________

■ Ah, ¿pero todavía está con ese tipo tan raro?

Sie verneinen. Rosana hat Manuel vor drei Jahren verlassen. Sie hat jetzt einen anderen Freund. Er heißt Valentín.

● ______________________

■ ¿Y hace mucho que se conocen?

Sie kennen sich schon seit fast zwei Jahren.

● ______________________

■ ¡No me digas! ¿Y cómo se conocieron?

Sie haben sich während eines Yoga-Kurses in einem Hotel auf Bali kennengelernt.

● ______________________

■ Bueno, parece un encuentro de película de Hollywood. Pero, ¿tienen otras cosas en común además del yoga?

Sie bejahen. Rosana und Valentín haben viel gemeinsam. Sie beide lieben Kunst und (ver)reisen gern, und sie interessieren sich (beide) für Politik.

- ______________________________

■ ¡Así que Rosana ha encontrado a su media naranja! ¿Ya tienen planes para el futuro? ¿Quieren casarse?

Momentan haben sie nicht vor, zu heiraten. Sie möchten aber bald zusammenziehen.

- ______________________________

■ ¿Y quieren tener hijos?

Rosana möchte sich jetzt erst einmal auf ihre Karriere konzentrieren, aber später möchte sie auf jeden Fall Kinder haben.

- ______________________________

■ Vaya, ¡cuántas noticias!

D1 He encontrado a mi media naranja...

▶ 22 **1a Lösung**

Julia y Carlos hablan ☒ sobre la vida sentimental de Sergio.

▶ 22 **1b Text / Lösung**

■ ¡Julia, hola! ¡Me alegro de verte!

● ¡Hola, Carlos! Pues sí, la última vez que nos vimos fue en Navidad, en casa de Sergio, ¿no?

■ ¡Es verdad, madre mía! Ya han pasado dos años. Estoy ansioso por escuchar todas tus novedades.

● Bueno, Sergio sí que tiene novedades que contar...

■ Por cierto, ¿dónde está Sergio? Como siempre llegando tarde, igual que antes, en la universidad. Seguro que sigue en casa y se está preparando ahora para salir. Me lo imagino delante del espejo, poniéndose guapo.

● ¡Venga, pobre Sergio! Siempre le estás tomando el pelo. Pero esta vez tiene una buena excusa. Hace media hora me envió un mensaje. Llega enseguida. Está acompañando a Anne a la estación.

■ ¿Anne? ¿Y esa quién es? ¿Una de sus muchas chicas?

● Pues... es su nueva novia. Pero esta vez va en serio. Se conocen desde hace casi un año y hacen muy buena pareja. Ella es francesa, vive en Toulouse y trabaja como ingeniera para una compañía aeronáutica muy conocida.

■ Ah, pero... ¿tienen una relación a distancia?

● Sí, de momento sí.

■ Uf... Ya sabes que soy escéptico con las relaciones a distancia. En mi opinión, solo funcionan bien al principio, cuando ambos ven todo de color de rosa.

● Ay, y tú en cambio lo ves todo negro. Siempre eres tan pesimista... Sergio y Anne llevan casi un año juntos, su relación es fuerte.

■ Perdona, pero... ¿cómo lo hacen? Viven a más de 500 km de distancia. Él está aquí en Madrid y ella en Francia. No pueden verse todos los días ni convivir, no pueden conocerse de verdad. A lo mejor tienen una relación abierta.

● ¿Relación abierta? ¡Qué va! Se ven tres veces al mes de viernes a domingo. Durante la semana tienen más tiempo para sus aficiones y sus amigos. Y cuando se ven, pasan todo el fin de semana juntos. En mi opinión, una relación a distancia permite conocerse más lentamente, pero más intensamente. Mira, ahí viene Sergio...

	v	f
1. Sergio llega tarde porque tiene que prepararse para salir.	☐	☒
Sergio llega tarde porque está acompañando a Anne a la estación.		
2. Anne y Sergio se conocen desde hace dos años.	☐	☒
Anne y Sergio se conocen desde hace casi un año.		
3. Anne y Sergio tienen una relación a distancia.	☒	☐
4. Carlos cree que las relaciones a distancia funcionan bien.	☐	☒
Carlos es escéptico con las relaciones a distancia.		
5. Julia cree que las relaciones a distancia tienen su lado positivo.	☒	☐

▶ 23 **1c Lösung**

▲ Hola chicos, perdonad, he tenido que acompañar a...

■ Has tenido que acompañar a Anne a la estación...

▲ Ah, veo que ya estás bien informado.

■ Sí, sí. Julia me ha contado que tu nuevo amor vive en Toulouse. ¿Pero os conocisteis en un viaje de negocios?

▲ No, nos conocimos en una de esas aplicaciones de citas. Chateamos un poco, intercambiamos números de teléfono e hicimos un par de videollamadas. Entonces, un sábado, la sorprendí y fui a verla a Toulouse.

■ ¿Quién lo hubiera pensado? Sergio, eres todo un romántico ... Y dime, ¿qué vais a hacer ahora? Una relación a distancia no es fácil.

▲ Sí, es verdad. De hecho, nos gustaría irnos a vivir juntos. Ella ya ha vivido antes en Madrid y le gustaría volver. Todavía tiene algunos contactos y está planeando buscar un nuevo trabajo aquí.

● ¿No te parece un poco precipitado? Solo os conocéis desde hace un año, ¿no?

▲ Sí, pero tenemos muchas cosas en común: el amor por la arquitectura, la pasión por la montaña y el interés por el arte. Hay una armonía increíble entre nosotros: a veces ni siquiera tenemos que hablar, una mirada es suficiente para entendernos. Tengo que decir que he encontrado a mi media naranja.

■ ¡Qué bonito, Sergio! Estás muy enamorado. ¿Y tú, Julia? ¿No tienes intenciones de casarte? ¡Andrés y tú lleváis juntos desde siempre!

● Sí, eso es verdad. Llevamos casi 10 años juntos. Pero, sabes, no creo en el matrimonio. Nuestra convivencia funciona perfectamente y no queremos casarnos. Pero pronto, un nuevo miembro de la familia formará parte de nuestras vidas...

▲ Eh... ¡¿estás embarazada?! ¡Muchas felicidades!

● ¡¿Qué?! ¡¿Creéis que estoy embarazada?! ¡¡No!! Andrés y yo hemos decidido adoptar a un perro. Ya hemos ido un par de veces al refugio de animales y hemos pasado tiempo con él. Y en unos días podremos recogerlo y llevarlo a casa. ¡Pepe es un labrador precioso y muy tierno! Claro que algún día nos gustaría tener hijos, pero todavía es muy pronto. Quién sabe, quizás en unos años... ¿Y tú, Carlos?

■ Bueno, no tengo intención de volver a casarme. El divorcio de mi mujer ya es definitivo: la semana pasada ambos firmamos los papeles y ahora estoy felizmente soltero.

Foto A: Sergio

Foto B: Carlos

Foto C: Julia

▶ 23 **1d Text / Lösung**

1. Sergio y Anne se conocieron ☒ en una aplicación de citas.
2. Anne ☒ quiere encontrar trabajo en Madrid.
3. Sergio y Anne tienen en común el amor por
   ☒ la arquitectura. ☒ la montaña. ☒ el arte.
4. Julia y su pareja ☒ no tienen intención de casarse.
5. Julia ☒ quiere tener hijos algún día.
6. Carlos ☒ está divorciado de su mujer.

D

▶ 24 **1e Text / Lösung**

■ Oye, ¿sabes algo de Rosana? Hace años que no la veo.

● *Está bien. Nos vemos bastante a menudo.*

■ Ah, ¿pero todavía está con ese tipo tan raro?

● *No, Rosana dejó a Manuel hace tres años. Ahora tiene otro novio. Se llama Valentín.*

■ ¿Y hace mucho que se conocen?

● *Se conocen desde hace casi dos años.*

■ ¡No me digas! ¿Y cómo se conocieron?

● *Se conocieron durante un curso de yoga en un hotel en Bali.*

■ Bueno, parece un encuentro de película de Hollywood. Pero, ¿tienen otras cosas en común además del yoga?

● *Sí, Rosana y Valentín tienen muchas cosas en común. A ambos les encanta el arte y les gusta viajar, y ambos se interesan por la política.*

■ ¡Así que Rosana ha encontrado a su media naranja! ¿Ya tienen planes para el futuro? ¿Quieren casarse?

● *De momento no tienen intención de casarse. Pero quieren irse a vivir juntos pronto.*

■ ¿Y quieren tener hijos?

● *Por ahora, Rosana quiere concentrarse en su carrera profesional, pero más adelante le gustaría tener hijos.*

■ Vaya, ¡cuántas noticias!

D2 No soporto a la gente arrogante...

▶ 25 **2a Sie hören eine Radiosendung. Kreuzen Sie das Bild an, das dem Thema der Sendung am besten entspricht.**

A  ☐

B  ☐

C  ☐

▶ 25 **2b Hören Sie die Radiosendung noch einmal und beantworten Sie die Fragen.**

1. ¿Cuándo se celebra el Día Mundial de la Amistad?

____

2. ¿Cuándo y por qué surgió este día conmemorativo?

____

3. ¿Qué significa el refrán "un amigo es un tesoro"?

____

4. ¿Cuáles son algunas de las características de un verdadero amigo?

____

▶ 26 **2c Der Radiomoderator interviewt die Hörer Marisa und Lucas. Über welche Themen sprechen sie?**

En la entrevista, Marisa y Lucas hablan de

- ☐ sus defectos.
- ☐ los defectos que no soportan en otras personas.
- ☐ las cualidades de un verdadero amigo.
- ☐ las mejores cualidades de sus amigos.

▶ 26 **2d Hören Sie die Interviews noch einmal und vervollständigen Sie die Sätze.**

Para Marisa un verdadero amigo debe ser *fiel*.

Marisa no soporta a la ______________________________

______________________________.

La mejor cualidad de su amiga Paula es ______________

______________________________.

Para Lucas un verdadero amigo debe ser ______________

______________________________.

Lucas no soporta a la ______________________________.

La mejor cualidad de su amigo Nicolás es ______________

______________________________.

▶ 27 **2e Sie sind in Spanien und werden auf der Straße für einen Radiosender zum Thema Freundschaft befragt. Antworten Sie mithilfe der folgenden Angaben.**

1. Ein wahrer Freund ist für Sie geduldig und hilfsbereit *(= servicial)*. Er kann zuhören und er steht Ihnen auch in schwierigen Zeiten zur Seite *(= estar al lado de alguien)*.
2. Sie können Unaufrichtigkeit *(= falsedad)* und Leute, die Lügen erzählen, nicht leiden.
3. Martin ist ein guter Freund von Ihnen. Sie kennen ihn seit langer Zeit und er ist wie ein Bruder (für Sie).
4. Martin ist eine ehrliche, offene und bescheidene *(= humilde)* Person. Seine beste Eigenschaft ist (seine) Sensibilität.

Ejemplo

■ Para ti, ¿cómo debe ser un verdadero amigo?

● Para mí, un verdadero amigo es paciente y...

D2 No soporto a la gente arrogante...

▶ 25 2a Text / Lösung

■ Buenos días y bienvenidos de nuevo a *Madrid en la onda*. Mi nombre es Eduardo Domínguez y les haré compañía durante las próximas tres horas. Hoy vamos a hablar de un sentimiento que nos afecta a todos, vamos a hablar de un valor universal. Se trata de la amistad. Hoy, de hecho, es 30 de julio y celebramos el Día Mundial de la Amistad. Pero, ¿cómo surgió este día conmemorativo? Vamos a preguntarle a la socióloga Maite Caballero. Buenos días.

● Buenos días a usted y a todos nuestros oyentes. Pues el Día Mundial de la Amistad existe desde hace 10 años. En 2011, la Organización de las Naciones Unidas estableció este día para destacar la importancia de la amistad entre las personas y los pueblos. La idea es promover la solidaridad y la armonía entre las personas. Todos podemos contribuir a la paz mundial empezando por nuestra vida cotidiana y mostrando amor hacia nuestros amigos.

■ En definitiva, este día conmemorativo celebra no solo la amistad entre personas, sino también entre pueblos y distintas culturas. Y como ha dicho la socióloga Maite Caballero, podemos empezar mostrando afecto y cariño a nuestros amigos en nuestra vida cotidiana. Los amigos son personas especiales, con las que compartimos los momentos buenos y malos de nuestra vida. El viejo refrán "un amigo es un tesoro" resume bien este sentimiento. Es raro encontrar un amigo o una amiga con la que podamos establecer una relación larga y duradera. Pero, ¿existe una fórmula secreta para la verdadera amistad?

● Tal vez no exista una fórmula, pero un psiquiatra estadounidense ha identificado las características para que una amistad sea o no verdadera. Algunas de estas características las conocemos todos un poco: un amigo de verdad es una persona directa y sincera, nos ayuda a ver nuestros errores y escucha nuestros problemas. Pero según el psiquiatra, los verdaderos amigos también ayudan a combatir el estrés... Sí, porque nos aconsejan y nos ayudan a tomar buenas decisiones...

■ Muchas gracias por su intervención, señora Caballero.

Zur Radiosendung passt Foto B.

▶ 25 2b Lösung

1. El Día Mundial de la Amistad se celebra el 30 de julio.
2. El día conmemorativo surgió en 2011, para destacar la importancia de la amistad entra las personas y los pueblos.
3. Podemos contribuir mostrando amor a nuestros amigos.
4. Significa que es raro encontrar a una persona con la que podamos establecer una relación larga y duradera.

▶ 26 **2c Text / Lösung**

■ Pero ahora vamos a escuchar lo que piensan nuestros oyentes. Tenemos a Marisa en la línea. ¡Bienvenida!

◆ Hola, Eduardo.

■ Entonces, Marisa, ¿cómo crees que debe ser un verdadero amigo?

◆ Pues, para mí un verdadero amigo debe ser fiel. Debo poder contar con él, sobre todo cuando más lo necesito. No tengo muchos amigos, pero sí un círculo cercano de personas en las que puedo confiar. Mis amigos son personas que conozco desde la infancia y que siempre han estado a mi lado.

■ Bueno, sí, estoy de acuerdo. Puedes reconocer a un verdadero amigo en los momentos difíciles. Dime, Marisa, ¿la gente que te rodea también tiene defectos que te molestan? Y si es así, ¿cuáles son?

◆ Bueno, yo no soporto a la gente arrogante. Soy bastante humilde y sencilla y... las personas arrogantes me hacen sentir incómoda. Por suerte mis amigos son muy parecidos a mí en ese sentido.

■ Marisa, vamos ahora con tu mejor amigo o amiga. ¿Cuál es, en tu opinión, su mejor cualidad?

◆ Pues Paula es una amiga fantástica, la conozco de toda la vida. Su mejor cualidad es su optimismo. Es una chica positiva. Para ella, el vaso siempre está medio lleno, en cualquier situación. ¡Y esto me encanta!

■ Gracias, Marisa. Pasemos a nuestro siguiente oyente. Hola, Lucas. Para ti la misma pregunta. ¿Cómo crees que debe ser un verdadero amigo?

▲ Para mí, un verdadero amigo debe ser honesto y decir lo que piensa abiertamente. Sí, una cualidad que valoro en las personas es la sinceridad.

■ ¿Y qué cosas no te gustan tanto en otras personas?

▲ Pues no me gusta nada que la gente sea impuntual, creo que es una falta de respeto a los demás. Puede pasar que llegues tarde a una cita porque ha surgido un contratiempo. Pero para algunas personas es imposible llegar a tiempo. ¡Y esto me fastidia mucho!

■ Última pregunta: piensa en un amigo muy querido. ¿Cuál es para ti su mejor cualidad?

▲ Pues Nicolás es un buen amigo. Solo nos conocemos desde hace cuatro años, pero es como un hermano para mí. Su mejor cualidad es su generosidad, es una persona altruista: siempre está disponible y dispuesto a ayudar a todo el mundo en cualquier momento. Nicolás es realmente un tipo excepcional.

■ Muchas gracias, Lucas. Y ahora pasamos a...

En la entrevista, Marisa y Lucas hablan de

☒ los defectos que no soportan en otras personas.

☒ las cualidades de un verdadero amigo.

☒ las mejores cualidades de sus amigos.

▶ 26 2d Lösung

Para Marisa un verdadero amigo debe ser *fiel*.

Marisa no soporta a la *gente arrogante*.

La mejor cualidad de su amiga Paula es *su optimismo*.

Para Lucas un verdadero amigo debe ser *honesto*.

Lucas no soporta a la *gente impuntual*.

La mejor cualidad de su amigo Nicolás es *su generosidad*.

▶ 27 2e Text / Lösung

■ Para ti, ¿cómo debe ser un verdadero amigo?

● *Para mí, un verdadero amigo es paciente y servicial. Sabe escuchar y está a mi lado en los momentos difíciles.*

■ ¿Qué cosas no soportas en otras personas?

● *No soporto la falsedad y a la gente que dice mentiras.*

■ ¿Tienes algún amigo al que estés especialmente unido/a?

● *Martin es un buen amigo mío. Lo conozco desde hace mucho tiempo y es como un hermano (para mí).*

■ ¿Cómo describirías a Martin? ¿Y cuál es su mejor cualidad?

● *Martin es una persona sincera, abierta y humilde. Su mejor cualidad es su sensibilidad.*

D3 Cotilleos entre compañeros

▶ 28 **3a Hören Sie das Gespräch und wählen Sie das dazu passende Bild aus.**

A ☐

B ☐

C ☐

▶ 28 **3b Bringen Sie das Gespräch in die richtige Reihenfolge. Hören Sie anschließend zur Überprüfung.**

- [1] ■ Jorge, ¿has visto a Lucas?
- [ ] ● Yo también he tenido esa sospecha... Probablemente llevarán meses juntos...
- [ ] ■ Es que he recibido una llamada para él, pero no está en la oficina.
- [ ] ■ No, he mirado, pero allí no está. Y Paula tampoco está en su mesa...
- [ ] ● Es la hora del almuerzo, supongo que estarán comiendo algo juntos en algún lugar.
- [ ] ● Bueno, me imagino que estará abajo en el bar.
- [ ] ■ Ahora que lo pienso, Paula y Lucas suelen estar juntos en la pausa del almuerzo. Seguramente tendrán un romance secreto.
- [ ] ● No, ¿por qué?
- [9] ■ ¡Chsss! Ahí viene Lucas. Cambiemos de tema.

▶ 29 **3c Sie halten einen Plausch mit Ihrer Kollegin. Antworten Sie auf ihre Fragen mithilfe der Angaben und verwenden Sie das „futuro simple".**

Ejemplo

■ ¿Sabes dónde está Marta?

● **Estará** en una reunión.

0. estar en una reunión
1. estar enferma de nuevo
2. tener unos 28 años
3. estar en un atasco
4. estar haciendo una pausa para el café

D3 Cotilleos entre compañeros

▶ 28 3a/3b Text / Lösung

■ Jorge, ¿has visto a Lucas?

● No, ¿por qué?

■ Es que he recibido una llamada para él, pero no está en la oficina.

● Bueno, me imagino que estará abajo en el bar.

■ No, he mirado, pero allí no está. Y Paula tampoco está en su mesa...

● Es la hora del almuerzo, supongo que estarán comiendo algo juntos en algún lugar.

■ Ahora que lo pienso, Paula y Lucas suelen estar juntos en la pausa del almuerzo. Seguramente tendrán un romance secreto.

● Yo también he tenido esa sospecha... Probablemente llevarán meses juntos...

■ ¡Chsss! Ahí viene Lucas. Cambiemos de tema.

Zum Gespräch passt Foto C.

▶ 29 3c Text / Lösung

1. ■ ¿Qué le pasará a Lucía ahora? Hoy tampoco ha venido a la oficina.

   ● *Estará enferma de nuevo.*

2. ■ ¿Qué edad tendrá el compañero nuevo?

   ● *Tendrá unos 28 años.*

3. ■ ¿Por qué no ha llegado Alberto?

   ● *Estará en un atasco.*

4. ■ ¿Qué estará haciendo Sabrina ahora?

   ● *Estará haciendo una pausa para el café.*

E ¡Podemos hacer más!

E1 Tenemos que cambiar nuestra perspectiva.

▶ 30 **1a Sie sind auf einer regionalen Konferenz zum Thema „Umwelt und Umweltschutz". Hören Sie den Vortrag und entscheiden Sie, ob Lara García eine Lösung für das Problem rund um das Thema Plastikmüll vorstellt.**

Lara García

☐ propone

☐ no propone

una solución a la contaminación por plásticos.

▶ 30 **1b Hören Sie den Vortrag noch einmal: Auf welche Themen geht Lara García ein?**

1. El plástico ha hecho nuestra vida más cómoda. ☐
2. Los gobiernos no gestionan la separación de residuos. ☐
3. Los residuos de plástico son generados tanto por los ciudadanos como por las empresas. ☐
4. El turismo es una de las causas de la contaminación marina. ☐
5. Los microplásticos tienen un efecto negativo en nuestra dieta. ☐
6. Para resolver el problema de la contaminación por plásticos, tenemos que cambiar nuestros hábitos. ☐
7. *Zero waste* es una filosofía de vida que pretende reducir los residuos al mínimo. ☐

▶ 31 **1c Hören Sie den zweiten Teil des Vortrags von Lara García: Worum geht es?**

Lara García presenta

☐ las desventajas del *zero waste*.

☐ las cinco reglas del *zero waste*.

☐ consejos prácticos para implementar el *zero waste*.

☐ las consecuencias de la contaminación por plásticos.

▶ 31 **1d Hören Sie den zweiten Teil des Vortrags noch einmal und ordnen Sie den Bildern die fünf Regeln zu. Bringen Sie die Regeln anschließend in die richtige Reihenfolge.**

reciclar • reintegrar • ~~rechazar~~ • reutilizar • reducir

☐ ______________

1 rechazar

☐ ______________

☐ ______________

☐ ______________

▶ 31 **1e Zu welchen Regeln bzw. Bildern passen die folgenden Definitionen?**

- ☐ separar la basura
- ☐ hacer compostaje de residuos orgánicos
- 1 evitar utilizar objetos inútiles
- ☐ cambiar el uso de un objeto
- ☐ sustituir artículos desechables
- ☐ comprar menos productos que no se necesitan

▶ 31 **1f Hören Sie den zweiten Teil des Vortrags noch einmal: Welche Aussagen sind *verdadero* und welche *falso*?**

	v	f
1. *Zero waste* no lucha contra el consumismo.	☐	☐
2. Según la filosofía *zero waste*, la regla más importante a seguir es reciclar.	☐	☐
3. Solo es posible seguir los principios del *zero waste* a nivel individual.	☐	☐
4. En España ya hay municipios que siguen una política *zero waste*.	☐	☐

▶ 32 **1g Am Ende der Konferenz unterhalten Sie sich mit weiteren Anwesenden über Lara Garcías Vortrag. Übernehmen Sie die Rolle ▲ und beantworten Sie die Fragen Ihrer Gesprächspartner mithilfe der Angaben.**

Ejemplo
Ihre Meinung: *Zero Waste* ist ein ausgezeichneter Lebensstil, um den Plastikverbrauch zu reduzieren; auf diese Art und Weise würden wir alle dazu beitragen, den Plastikmüll zu bekämpfen.

■ Ha sido una presentación larga, pero muy interesante. ¿Qué te ha parecido?

▲ Creo que *zero waste* es un muy buen estilo de vida para reducir el consumo de plástico. De este modo, todos contribuiríamos a luchar contra los residuos de plástico.

1. Sie geben Ihrem Gesprächspartner recht: Plastik ist ein Material, auf das wir nicht von heute auf morgen *(= de la noche a la mañana)* verzichten *(= renunciar a)* können; es ist nicht einfach die *Zero-Waste*-Regeln zu befolgen; sie glauben, dass wir uns alle mehr anstrengen *(= esforzarse)* müssen.
2. Sie auch nicht: Wenn Sie zum Beispiel auf eine Messe gehen, bringen Sie immer nutzlose Gegenstände mit nach Hause, die Sie dann irgendwann wegwerfen.
3. Sie auch: Das ist eine Gewohnheit, die Sie seit Jahren haben; außerdem benutzen Sie keine Plastikteller für Picknicks oder Partys, und Sie haben immer Ihre Trinkflasche aus Metall *(= botella de metal)* dabei *(= llevar encima)*.
4. Sie erklären, dass es in Deutschland ein Flaschenpfand *(= botellas retornables)* gibt; auch auf diese Weise wird mehr recycelt und Plastikmüll reduziert.

Tenemos que cambiar nuestra perspectiva.

▶ 30 **1a Text / Lösung**

Sin duda, la invención del plástico ha revolucionado el mundo y nuestra vida cotidiana, tanto que hoy su uso se considera indispensable. El plástico ha permitido grandes avances en diversos campos, como en el de la moda y el diseño, o en la industria automovilística y la medicina. También ha hecho posible que un mayor número de personas tenga acceso a bienes de consumo a los que antes solo accedían los privilegiados. En general, ha hecho nuestra vida cotidiana mucho más fácil.

Y sin embargo, este gran invento es ahora uno de los problemas que más afectan al medioambiente. La contaminación por plásticos tiene efectos irreversibles en todo el planeta, perjudicando la salud de los animales y probablemente también la salud humana. Las principales causas de la contaminación por plásticos se relacionan con los residuos producidos por la industria. Pero también los ciudadanos son responsables de esta contaminación.

Se calcula que una persona media produce cada día unos dos kilos y medio de basura, una cantidad enorme, y la mayor parte de esta basura son residuos de plástico. Teniendo esto en cuenta, todos podemos hacer algo por el medioambiente. La solución es un compromiso común por lograr un cambio, mejorando los hábitos individuales y eligiendo reducir el consumo de plástico en el día a día. Tenemos que cambiar nuestra perspectiva y pensar que la contribución de cada individuo es importante.

Una solución interesante, que desde hace tiempo se ha convertido casi en una filosofía de vida, es el *zero waste*, o residuo cero. La idea es vivir de forma sostenible desde el punto de vista medioambiental, minimizando el impacto en el planeta y evitando crear cada vez más basura innecesariamente. Vivir sin residuos puede ser imposible, pero podemos reducir la cantidad y, sobre todo, hacerlo de forma más consciente.

La filosofía *zero waste* se basa en algunos hábitos que todos podemos adoptar: cinco reglas sencillas que pueden resumirse como "las cinco erres". Con estos cinco pasos podemos reducir o eliminar los residuos domésticos de la mejor manera posible, con el fin de vivir de forma responsable.

Lara García ☒ propone una solución a la contaminación por plásticos.

▶ 30 1b Lösung

1. El plástico ha hecho nuestra vida más cómoda. ☒
3. Los residuos de plástico son generados tanto por los ciudadanos como por las empresas. ☒
6. Para resolver el problema de la contaminación por plásticos, tenemos que cambiar nuestros hábitos. ☒
7. *Zero waste* es una filosofía de vida que pretende reducir los residuos al mínimo. ☒

▶ 31 1c Text / Lösung

Pasemos a la primera de las cinco reglas, la primera "R". "R" de "rechazar", rechazar todo lo que no necesitamos. Empecemos por artículos desechables, como platos y cubiertos de plástico, que pueden sustituirse por cubiertos de metal. Incluso pequeños gestos como colocar una pegatina en nuestro buzón que ponga "no se admite publicidad" pueden marcar la diferencia, pues así generamos menos residuos de papel, por ejemplo.

La segunda "R" es de "reducir", es decir, reducir el consumo de productos. *Zero waste* también lucha contra el consumismo. ¿Por qué? Para que se compre menos y se haga de forma consciente. A menudo las estrategias de *marketing* nos empujan a comprar cosas, aunque no las necesitemos realmente. ¿Es necesario comprar una mochila nueva cuando la antigua aún está en buen estado? ¿Necesitamos los últimos zapatos de moda cuando ya tenemos diez pares en el armario? Esto es lo que significa reducir el consumo.

Ahora pasemos a otra regla de oro: nuestra palabra clave es "reutilizar". Esto conlleva, por ejemplo, sustituir artículos desechables por otros reutilizables. Cuando vayamos a comprar, podemos llevar una bolsa de tela. En lugar de botellas de agua de plástico, podemos utilizar una botella de metal que podemos llenar varias veces al día. Reutilizar también significa buscar otro uso para objetos que ya no podemos utilizar con su propósito original. Esto también se conoce como "reciclaje creativo" o *upcycling*. Por ejemplo, podemos convertir las botellas de plástico en pequeñas macetas. En las redes hay muchísimas ideas para transformar y reciclar objetos de forma creativa.

Y si nos damos cuenta de que, en general, ya no podemos utilizar ni reutilizar un objeto, ¿qué podemos hacer? En ese caso, pasamos a la cuarta "R" del *zero waste*, que es "reciclar". Reciclar significa separar correctamente el plástico, el vidrio, el papel, etc., para que los materiales que son reciclabes puedan ser reciclados. Dependiendo de dónde vivamos, podemos reciclar hasta electrodomésticos u otros objetos electrónicos. El reciclaje se considera una de las últimas opciones en el concepto del *zero waste*.

La última regla para reducir los residuos es "reintegrar", es decir, compostar residuos orgánicos. Cuando separamos los residuos, no hay que tirar los residuos orgánicos al cubo de la basura normal, sino que se almacenan por separado. Si tienes jardín, puedes pudrir los residuos orgánicos en un compostaje, y utilizar el abono resultante para tus flores o tus plantas de fruta y verdura.

"Rechazar", "reducir", "reutilizar", "reciclar" y "reintegrar". Cinco pasos sencillos que todo el mundo puede aplicar en su vida diaria.

Bueno, hasta ahora he estado hablando de la filosofía *zero waste* como una elección individual, que puedes llevar a cabo en tu propia casa. El objetivo es que el cubo de la basura sea cada vez más pequeño. Pero también es posible seguir los principios del *zero waste* a nivel municipal o provincial. El municipio de Hernani, en el País Vasco, ha conseguido una importante reducción de residuos a este nivel a través de una serie de medidas. En 2010 adoptaron la política "cero residuos" y desde entonces se han convertido en un referente mundial. Pero, ¿cómo han podido alcanzar sus objetivos? Los principios del *zero waste* pueden pensarse de forma más amplia, extendiéndolos a municipios, provincias y comunidades. Se puede organizar una recogida selectiva de basura "casa a casa" o crear plantas de compostaje para su uso en zonas agrícolas cercanas. También se pueden crear centros de reparación de productos, como muebles, ropa o electrodomésticos. Pero lo más importante es crear políticas de sensibilización, no solo entre los ciudadanos y ciudadanas, sino a nivel municipal, provincial y regional. Solo así conseguiremos implementar un programa de *zero waste* mundial.

Lara García presenta ☒ las cinco reglas del *zero waste*.

☒ consejos prácticos para implementar el *zero waste*.

▶ 31 1d Lösung

5 reintegrar; 1 rechazar; 3 reutilizar; 2 reducir; 4 reciclar

▶ 31 1e Lösung

- [4] separar la basura
- [5] hacer compostaje de residuos orgánicos
- [1] evitar utilizar objetos inútiles
- [3] cambiar el uso de un objeto
- [3] sustituir artículos desechables
- [2] comprar menos productos que no se necesitan

E

▶ 31 **1f Lösung**

	v	f
1. *Zero waste* no lucha contra el consumismo.	☐	☒
Zero waste lucha contra el consumismo para que se compre menos y se haga conscientemente.		
2. Según la filosofía *zero waste*, la regla más importante a seguir es reciclar.	☐	☒
El reciclaje se considera una de las últimas opciones en el concepto del zero waste.		
3. Solo es posible seguir los principios del *zero waste* a nivel individual.	☐	☒
También es posible seguir los principios del zero waste a nivel municipal o provincial.		
4. En España ya hay municipios que siguen una política *zero waste*.	☒	☐

▶ 32 **1g Text / Mögliche Lösung**

1. ◆ Es sin duda un concepto útil para luchar contra la contaminación. Aunque no me parece fácil.

   ▲ *Sí, es verdad. / Tienes razón. El plástico es un material al que no podemos renunciar de la noche a la mañana. No es fácil seguir las reglas del zero waste. Creo que todos tenemos que esforzarnos más.*

2. ● He pensado en las reglas del *zero waste* y me parece que estoy haciendo muy poco. Por ejemplo, no pongo en práctica la regla de rechazar.

   ▲ *Sí, yo tampoco. Cuando voy a una feria, por ejemplo, siempre me llevo a casa objetos inútiles que luego tiro a la basura en algún momento.*

3. ● En cambio, hay otras reglas que sí he incorporado a mi rutina. Por ejemplo, siempre voy con mi bolsa de tela a hacer la compra.

   ▲ *Sí, yo también. Esa es una costumbre que tengo desde hace años; además, nunca utilizo platos de plástico para picnics o fiestas, y siempre llevo encima mi botella de metal.*

4. ● Yo también debería pensar en utilizar una botella de metal, pero siempre me compro botellas de plástico.

   ▲ *En Alemania hay botellas retornables. De esa manera se recicla más y se reducen los residuos de plástico.*

E2 Hoy se habla de turismo responsable.

▶ 33 **2a In der Radiosendung *España hoy* interviewt Susana Falcón die Gründerin des Vereins *Ecoviajes*, Leire Galván. Welche Formen des Tourismus werden im Interview erwähnt?**

- ☐ turismo de masas
- ☐ turismo cultural
- ☐ turismo responsable
- ☐ turismo ecológico
- ☐ turismo gastronómico
- ☐ turismo sostenible

▶ 33 **2b Hören Sie den ersten Teil des Interviews noch einmal und entscheiden Sie, welche Option jeweils passt.**

1. El turismo adquirió dimensiones masivas

   ☐ a principios del siglo XX. ☐ a principios del siglo XIX.

2. Según la opinión de Leire Galván, el turismo de masas

   ☐ tiene más desventajas que ventajas. ☐ no solo tiene aspectos negativos.

3. El turismo responsable se centra en el impacto

   ☐ social y cultural. ☐ medioambiental.

4. El turismo sostenible se centra en el impacto

   ☐ social y cultural. ☐ medioambiental.

▶ 33 **2c Hören Sie erneut und ergänzen Sie die Äußerungen zum Massentourismus.**

aspectos positivos: *mucha gente* ______________________

aspectos negativos: ______________________

▶ 34 **2d Im zweiten Teil des Interviews spricht Leire Galván über die Verhaltensweisen eines verantwortungsbewusssten Touristen. Welche werden erwähnt?**

- ☐ preguntar antes de hacer fotos a la población local
- ☐ no desperdiciar recursos energéticos
- ☐ informarse antes de viajar sobre el lugar y la cultura
- ☐ elegir medios de transporte respetuosos con el medioambiente
- ☐ probar la cocina local
- ☐ preparar la maleta lo mejor posible

E

▶ 34 **2e Hören Sie den zweiten Teil des Interviews erneut. Wie drücken Susana und Leire Notwendigkeit, Verbot und Erlaubnis aus?**

Notwendigkeit:	Verbot:	Erlaubnis:
es necesario, ____	____	____
____	____	____

▶ 35 **2f Sie unterhalten sich nun mit einer Bekannten über nachhaltigen Tourismus. Übernehmen Sie die Rolle ▲ und antworten Sie mithilfe der folgenden Angaben.**

■ Es suficiente con pequeños gestos para comportarse de manera responsable como turista. ¿Qué opinas?

Sie sind einverstanden. Ihrer Meinung nach ist es notwendig, die Regeln des Ortes zu kennen und zu respektieren. Zum Beispiel ist es wichtig zu wissen, wie und wann man Trinkgeld (= propina) *gibt.*

▲ *Estoy de acuerdo.* ____

■ Sí, es verdad. En España la propina es una norma no escrita, pero en otros países no es necesaria. Hay que adaptarse a las costumbres del país que se visita.

Sie stimmen zu und sagen, dass man außerdem die Regeln von archäologischen Stätten (= lugares arqueológicos) *und von Naturschutzgebieten respektieren sollte.*

▲ ____

■ Sí, son reglas comprensibles para mantener el ecosistema local.

Sie stimmen zu und geben ein Beispiel: In Spanien ist es in Nationalparks verboten, Steine zu sammeln und in vielen Ländern darf man keine Korallen (= corales) *sammeln.*

▲ ____

■ Y naturalmente, es importante no perturbar la tranquilidad del lugar...

Sie stimmen zu und sagen, dass Sie neulich gelesen haben, dass es aus diesem Grund in Naturschutzgebieten verboten ist, Drohnen fliegen zu lassen (= hacer volar drones).

▲ ____

■ ¡Qué interesante! ¡No lo sabía!

E2 Hoy se habla de turismo sostenible.

▶ 33 2a Lösung / Text

- ■ "Una vez al año, ve a un lugar en el que nunca hayas estado antes". Con esta cita del Dalai Lama queremos abrir este episodio dedicado a los viajes y al turismo. El ser humano siempre ha sentido el deseo de desplazarse, conocer nuevos países y ampliar sus horizontes. Sin embargo, hasta hace poco, viajar era un privilegio de las élites, es decir, de los intelectuales y los ricos. Hoy en día, cada vez más personas tienen la oportunidad de viajar y conocer nuevos países. Pero, ¿qué consecuencias tiene esto en el medioambiente y en la vida de los habitantes de estos países? Hablamos de ello con Leire Galván, guía turística y fundadora de la asociación "Ecoviajes". Buenos días, Leire.
- ● Buenos días, Susana.
- ■ Pues bien, desde principios del siglo XX, la industrialización y los cambios tecnológicos y sociales han provocado una transformación en la forma de viajar, al menos en Europa. El tren, el coche, y más adelante el avión, se convirtieron poco a poco en medios de transporte cotidianos para una población que tenía cada vez más dinero. El turismo se ha desarrollado hasta convertirse en el turismo de masas que conocemos hoy en día.
- ● Sí, el turismo de masas es la forma más extendida de turismo: implica a un increíble número de personas, que a menudo eligen los mismos destinos turísticos a través de viajes organizados o paquetes turísticos. Es una forma de viajar que se critica por varias razones. Sin embargo, desde mi punto de vista el turismo de masas tiene ciertas ventajas: gracias a él, mucha gente tiene la oportunidad de conocer países y ciudades muy bonitas y de gran valor cultural. Otra ventaja es la económica. El turismo ha contribuido a crear nuevos puestos de trabajo, por ejemplo, en los hoteles y en los restaurantes de las regiones más visitadas.
- ■ Pero ahora también hablemos de algunos aspectos negativos del turismo de masas.
- ● Bueno, sin duda uno de los principales aspectos negativos está relacionado con el cambio de paisaje. Para ofrecer servicios a los turistas, se construyen hoteles, estaciones de esquí o balnearios, que transforman el paisaje, lo deforman... lo arruinan. Los cambios en el paisaje también pueden tener consecuencias medioambientales importantes, como la desaparición de ciertas especies animales y vegetales.
- ■ Por eso es necesario que los turistas adopten una actitud responsable al viajar. Hoy se habla de turismo responsable o sostenible, ¿no?
- ● Sí, digamos que el turismo responsable se centra en el impacto económico, social y cultural; tiene en cuenta la influencia del turismo en la población local. En cambio, el turismo sostenible se centra en el impacto medioambiental. Pero se trata de matices de significado, y de hecho, ambas palabras se utilizan a menudo como sinónimos. Para mí, es necesario que un buen turista sea responsable con el medioambiente y con la población local.

☒ turismo de masas ☒ turismo responsable ☒ turismo sostenible

▶ 33 2b Lösung

1. El turismo adquirió dimensiones masivas ☒ a principios del siglo XX.
2. Según la opinión de Leire Galván, el turismo de masas

   ☒ no solo tiene aspectos negativos.
3. El turismo responsable se centra en el impacto ☒ social y cultural.
4. El turismo sostenible se centra en el impacto ☒ medioambiental.

▶ 33 2c Lösung

aspectos positivos: *mucha gente puede conocer países y ciudades muy bonitas y de gran valor cultural, ha creado nuevos puestos de trabajo*

aspectos negativos: *el cambio del paisaje, la desaparición de ciertas especies animales y vegetales*

▶ 34 2d Text / Lösung

■ Pasemos primero a la actitud necesaria para ser turistas responsables. ¿Qué recomiendas?

● Antes de viajar hay que informarse sobre el lugar al que se viaja. Es necesario obtener tanta información como sea posible. Y esto no solo significa leer una guía turística sobre el lugar, sino también descubrir su cultura, su historia y sus tradiciones.

■ Podríamos decir que empezamos a ser responsables incluso antes del viaje.

● Sí, también hay que hacer la maleta de la mejor manera posible, pensando en qué hay que llevar para no viajar con objetos inútiles. Además, el turista responsable consigue mezclarse entre los habitantes y adaptarse a las circunstancias geográficas y culturales. Una vez, durante un viaje a Perú, una pareja del grupo se presentó a una visita a Machu Picchu con sandalias... También veo a menudo a turistas que quieren entrar a lugares de culto con ropa de playa.

■ Me imagino las escenas... Pero pasemos al viaje en sí. ¿Cuál es la actitud que hay que tener con la población local?

● Bueno, en el lugar de destino hay que ver las vacaciones como una oportunidad de intercambio cultural. Y eso significa estar abierto a las costumbres y a las tradiciones locales. Una vez, con un grupo de españoles en Irán, nos alojamos en la típica pensión. Algunos turistas se quejaron porque no podían comer cruasán o tomar un café con leche para desayunar.

- ■ Siendo sincera, conozco a alguna que otra persona que tendría las mismas exigencias. Pero hablemos ahora del turismo sostenible. Los turistas también deberían tener una actitud respetuosa con su entorno. ¿De qué manera?
- ● Los pequeños gestos pueden marcar la diferencia: cerrar el grifo mientras te cepillas los dientes, apagar el aire acondicionado o la luz si no la necesitas... La energía y el agua son recursos importantes para todo el planeta, pero recordemos que hay países donde estos recursos son realmente escasos.
- ■ Cerrar el grifo o apagar la luz es algo que se debería hacer en todos los países. Pero aquí hay otro aspecto crucial... Cada vez más personas deciden pasar sus vacaciones lejos de los centros turísticos tradicionales, lejos de las multitudes y del caos. Eligen, por ejemplo, lugares alejados en las montañas, en una naturaleza virgen.
- ● Sí, y sobre todo en lugares como esos hay que respetar el entorno y evitar dejar huellas en la naturaleza.
- ■ ¿Y cómo hay que comportarse cuando se está en un parque o una reserva natural?
- ● En la naturaleza, todo tiene una función y un papel. Por lo tanto, es necesario mantener el equilibrio del ecosistema actual. En los parques naturales protegidos está prohibido recoger flores o setas por esta misma razón, para respetar la naturaleza presente. En este caso se aplica el viejo dicho "se mira, pero no se toca". La observación de aves o animales está permitida, pero está prohibido perturbar la vida de los animales salvajes gritando o acercándose a ellos para alimentarlos.
- ■ A menudo también hay problemas con turistas que provocan incendios forestales, ¿verdad?
- ● Desgraciadamente sí. Basta un segundo de imprudencia para provocar un incendio y destruir todo un bosque. Por esta razón obvia, está prohibido encender fuegos en los parques y reservas naturales. Los picnics solo están permitidos en determinadas zonas de picnic y, por supuesto, hay que tener cuidado con no dejar basura y tirarla a la papelera.
- ■ Leire, muchas gracias por tu intervención.

☒ no desperdiciar recursos energéticos

☒ informarse antes de viajar sobre el lugar y la cultura

☒ preparar la maleta lo mejor posible

▶ 34 **2e Lösung**

Notwendigkeit:	Verbot:	Erlaubnis:
es necesario, hay que, se debería/n	*está prohibido*	*está permitido*

▶ 35 **2f Text / Lösung**

■ Es suficiente con pequeños gestos para comportarse de manera responsable como turista. ¿Qué opinas?

● *Estoy de acuerdo. En mi opinión, es necesario conocer y respetar las normas / las reglas del lugar. Por ejemplo, es importante saber cómo y cuándo se da propina.*

■ Sí, es verdad. En España la propina es una norma no escrita, pero en otros países no es necesaria. Hay que adaptarse a las costumbres del país que se visita.

● *Sí, además se deberían respetar las normas / las reglas de lugares arqueológicos y de reservas naturales.*

■ Sí, son reglas comprensibles para mantener el ecosistema local.

● *Sí, por ejemplo, en España está prohibido recoger piedras en parques nacionales, y en muchos países está prohibido recoger corales.*

■ Y naturalmente, es importante no perturbar la tranquilidad del lugar...

● *Es verdad. / Exacto. Hace poco he leído que por ese motivo está prohibido hacer volar drones en reservas naturales.*

■ ¡Qué interesante! ¡No lo sabía!

E3 Si la situación no mejora...

▶ 36 **3a Minerva und Benjamín haben vor, am Wochenende nach Barcelona zu fahren. Was ist Minervas Befürchtung?**

A Minerva le preocupa que

☐ haya mucho tráfico en las calles.

☐ haga mal tiempo.

☐ no haya habitaciones libres en el hotel.

▶ 36 **3b Hören Sie das Gespräch noch einmal: Wie ist Minervas und Benjamíns Einstellung zum Thema Klimawandel?**

Con respecto al cambio climático...

Benjamín tiene una actitud ☐ optimista. ☐ pesimista.

Minerva tiene una actitud ☐ optimista. ☐ pesimista.

▶ 36 **3c Hören Sie das Gespräch noch einmal und kreuzen Sie an: *verdadero* oder *falso*.**

	v	f
1. Benjamín cree que los gobiernos se están tomando en serio la situación.	☐	☐
2. Minerva confía en las medidas adoptadas en la Conferencia de París.	☐	☐
3. Según Benjamín, todos los ciudadanos deberían tener una actitud más responsable.	☐	☐
4. Benjamín ha empezado a trabajar como voluntario para una asociación.	☐	☐

▶ 37 **3d Bedingungen: Verbinden Sie die linke mit der rechten Spalte, um Sätze aus dem Gespräch zu bilden, und hören Sie anschließend zur Kontrolle.**

1. Si llueve,
2. Si la situación no mejora,
3. Si no hacemos algo con las emisiones de gases
4. Si no tomamos medidas para limitar los gases,
5. Si el clima mundial se calienta 2 grados en los próximos años,
6. La situación solo mejorará

a. la temperatura media global podría subir más de 1,5 grados.
b. si todos nos convertimos en ciudadanos más responsables.
c. en unos años estaremos en pleno invierno en mayo.
d. los glaciares se derretirán.
e. pasaremos tres días en el Museo Nacional.
f. habrá niveles muy altos de dióxido de carbono en 2030.

▶ 38 **3e Sie werden nun aufgefordert, einige Befürchtungen zum Thema „Klimawandel" zu formulieren. Beantworten Sie die Fragen Ihres Gesprächspartners mithilfe der Angaben, wie im Beispiel.**

Ejemplo glaciares – derretirse
→ nivel del mar – subir

■ ¿Qué pasará si los glaciares se derriten?

● Si los glaciares se derriten, el nivel del mar subirá.

1. temperaturas – subir
   → algunos animales en peligro de extinción – morir
2. temperaturas – subir
   → países mediterráneos – experimentar largos períodos de sequía
3. períodos de sequía – durar mucho tiempo
   → cosechas – ser escasas y provocar hambrunas

E3 Si la situación no mejora...

▶ 36 3a Text / Lösung

■ Bueno, Minerva, ya está todo listo para el fin de semana. Paso a buscarte a la oficina el jueves por la tarde, vamos en coche hasta la estación y tomamos el tren.

● Esperemos que haga buen tiempo. Sería una pena pasar tres días en el hotel.

■ ¿Por qué lo dices? ¿Te preocupa que llueva? Venga, ya verás que no. Ya es primavera y durante las últimas semanas ha hecho sol.

● Pues, me preocupa que llueva, sí. ¿No has visto la previsión para el próximo fin de semana?

■ No, todavía no... No me digas que...

● Parece que hará frío el fin de semana en todo el norte de España. Según han dicho en la tele, las temperaturas descenderán por lo menos 10 grados.

■ ¿Cómo es posible? Estamos a finales de mayo y se suponía que por fin haría calor. Y si el tiempo sigue así, el verano llegará en septiembre. ¿Y ahora?

● Por suerte, se supone que no va a llover en Barcelona. Pero si llueve, pasaremos tres días en el Museo Nacional... ¿No ha sido siempre tu sueño?

■ ¡Muy gracioso! No, venga, si hace mal tiempo, seguro que encontramos algo que hacer. De todos modos, a finales de mayo solíamos salir con un ligero jersey de algodón. Sin embargo, en los últimos años el tiempo se ha vuelto cada vez más imprevisible y extremo. La culpa la tiene el calentamiento global. Si la situación no mejora, en unos años estaremos en pleno invierno en mayo...

● Vamos, no exageres...

■ Solo estoy siendo realista. Me temo que los gobiernos de todo el mundo están subestimando la situación. Los expertos son bastante claros: si no hacemos algo con las emisiones de CO2, habrá niveles muy altos de dióxido de carbono en 2030. Y esto provocará una reacción en cadena. Grandes extensiones de tierra fértil se volverán áridas, aumentarán los fenómenos meteorológicos extraordinarios, como los huracanes y las inundaciones, y muchas especies animales y vegetales se extinguirán.

● Sí, tienes razón. El cambio climático es un problema que nos afecta a todos directamente. Y estoy de acuerdo contigo en eso. Pero no tengo una visión tan apocalíptica del futuro.

■ No, mira, la situación es realmente crítica. Si no tomamos medidas para limitar los gases, la temperatura media global podría subir más de 1,5 grados.

- ● Sí, pero en la Conferencia de París, los países grandes ya presentaron un plan de acción, centrado en las energías renovables. Todo esto debería conducir a una vida más verde en el futuro y, sobre todo, con estas medidas podremos parar el calentamiento global. Realmente espero que sepan lo que están haciendo. De hecho, por una vez quiero tener esperanza. Ya verás, ganaremos esta batalla.
- ■ Me temo que te equivocas. Hace poco leí en un artículo que las medidas adoptadas en la Conferencia de París no son suficientes. Si el clima mundial se calienta 2 grados en los próximos años, los glaciares se derretirán y el nivel del mar subirá. Los veranos serán aún más calurosos en muchos países europeos. Y esto tendrá consecuencias en nuestras vidas...
- ● Sí, pero, ¿cómo crees que se podría abordar esta situación?
- ■ En mi opinión, es necesaria una mayor concienciación del problema. La situación solo mejorará si todos nos convertimos en ciudadanos más responsables.
- ● Me parece que ya hago bastante: ordeno mi basura, voy al trabajo en bicicleta y no vuelo en vacaciones.
- ■ Eso sin duda es una gran ayuda, pero me temo que no todo el mundo se comporta de forma tan responsable como tú. Llevo un tiempo pensándolo y me gustaría hacer algo por el medioambiente mediante un voluntariado.
- ● No es mala idea... ¿Ya sabes con quién tienes que ponerte en contacto?
- ■ He pensado en ponerme en contacto con la asociación *Nosfuturo*: se dedican a actividades de sensibilización y educación sobre el tema. Organizan actos, mesas redondas, presentaciones...
- ● Bueno, me parece una buena idea, pero... ¿no querías empezar un voluntariado en la Cruz Roja hace unos meses? Quién sabe, tal vez con esa pasión ganes el Nobel de la Paz algún día... Pero solo espero que todo tu entusiasmo se transforme en acciones concretas.

A Minerva le preocupa que ☒ haga mal tiempo.

▶ 36 3b Lösung

Con respecto al cambio climático...

Benjamín tiene una actitud ☒ pesimista.

Minerva tiene una actitud ☒ optimista.

▶ 36 **3c Lösung**

		v	f
1.	Benjamín cree que los gobiernos se están tomando en serio la situación. *Benjamín cree que los gobiernos están subestimando la situación.*	☐	☒
2.	Minerva confía en las medidas adoptadas en la Conferencia de París.	☒	☐
3.	Según Benjamín, todos los ciudadanos deberían tener una actitud más responsable.	☒	☐
4.	Benjamín ha empezado a trabajar como voluntario para una asociación. *Benjamín quiere empezar a trabajar como voluntario para una asociación.*	☐	☒

▶ 37 **3d Lösung**

1. Si llueve, — e. pasaremos tres días en el Museo Nacional.
2. Si la situación no mejora, — c. en unos años estaremos en pleno invierno en mayo.
3. Si no hacemos algo con las emisiones de gases, — f. vamos a ver niveles muy altos de dióxido de carbono en 2030.
4. Si los países de la Tierra no toman medidas para limitar los gases, — a. el calentamiento global podría superar el umbral de los 1,5 grados.
5. Si el clima mundial se calienta 2 grados en los próximos años, — d. los glaciares se derretirán.
6 La situación solo mejorará, — b. si todos nos convertimos en ciudadanos más responsables.

▶ 38 **3e Text / Lösung**

1. ■ ¿Qué pasará si las temperaturas suben?
   - *Si las temperaturas suben, algunos animales en peligro de extinción morirán.*
2. ■ ¿Qué más pasará si las temperaturas suben?
   - *Si las temperaturas suben, los países mediterráneos experimentarán largos períodos de sequía.*
3. ■ Y, ¿qué pasará si los períodos de sequía duran mucho tiempo?
   - *Si los períodos de sequía duran mucho tiempo, las cosechas serán escasas y provocarán hambrunas.*

F Viajar es vivir

F1 Una ruta de unos 75 kilómetros

▶ 39 **1a Hören Sie den Reise-Podcast und entscheiden Sie, welches Foto dazu passt.**

☐ ruta en tren

☐ ruta a pie

☐ ruta en bicicleta

▶ 39 **1b Hören Sie den Reise-Podcast noch einmal und bringen Sie zunächst die Etappen der darin beschriebenen Route in die richtige Reihenfolge.**

	1b Ruta	1c ¿Qué se puede ver / hacer?
☐	Femés	
☐	Las Breñas	
1	Playa Blanca	*Se puede disfrutar de un baño*
☐	Yaiza	
☐	Playa Quemada	
☐	Los Ajaches	

▶ 39 **1c Hören Sie den Podcast so oft wie nötig, um in der Tabelle oben zu ergänzen, was es bei den Etappen zu sehen gibt bzw. was man dort machen kann.**

▶ 40 **1d Hören Sie nun die Fortsetzung des Reise-Podcasts. Worüber sprechen die beiden Moderatoren jetzt hauptsächlich?**

En la segunda parte del podcast se habla de
☐ alojamientos para cicloturistas. ☐ tipos de bicicletas.

▶ 40 **1e Hören Sie den zweiten Teil des Podcasts noch einmal und kreuzen Sie an.**

1. En España ☐ casi todos los hoteles ☐ cada vez más hoteles
   están equipados para el cicloturismo.
2. Los hoteles *bike friendly* no ofrecen
   ☐ aparcamientos seguros para las bicicletas.
   ☐ herramientas para reparar las bicicletas.
   ☐ masajes y sauna gratuitos. ☐ desayunos nutritivos.
3. *Warm showers* es una comunidad en línea
   ☐ para todos los viajeros. ☐ solo para cicloturistas.
4. La web reúne a miembros de ☐ muchos países ☐ España
   y ofrece la posibilidad de encontrar alojamientos ☐ baratos. ☐ gratuitos.
5. El alojamiento que se ofrece en *warm showers* se encuentra
   ☐ en casas privadas. ☐ en hostales.

▶ 41 **1f Die Moderatoren des Reise-Podcasts laden ihre Abonnenten ein, von ihren Lieblings-Urlaubszielen zu berichten. Sie haben sich dort gemeldet, um über die Vía Verde de Ojos Negros zu berichten, eine Fahrradroute im Osten Spaniens. Beschreiben Sie die Reiseroute wie im Beispiel und mithilfe der Tabelle auf der folgenden Seite.**

Ejemplo

■ Aquí estamos otra vez en un nuevo episodio de "Trotamundos". Hoy vamos a hablar de nuevo de vacaciones en bicicleta, y queremos presentarles una nueva ruta: la Vía Verde de Ojos Negros, que va de Teruel a Valencia. Lo haremos desde la perspectiva de uno de nuestros oyentes. ¡Bienvenido! ¿Cómo es la ruta de la Vía verde de Ojos Negros?

	Ruta	**¿Qué se puede ver / hacer?**
	partir de Ojos Negros y conducir hasta Peracense	visitar el Castillo de Peracense

F

▲ Partimos de Ojos Negros y conducimos hasta Peracense. Allí se puede visitar el Castillo de Peracense.

■ Entonces partimos de Ojos Negros...

	Ruta	¿Qué se puede ver / hacer?
	salir de Peracense y pedalear hasta llegar a Teruel	visitar el casco antiguo y comer un gazpacho de pastor con sollapas
	tomar la Vía Alfambra desde Teruel y reincorporarse a la Vía Verde de Ojos Negros hasta llegar a Puerto Escandón	descansar, cenar en el restaurante y pasar la noche en el hotel para ciclistas
	salir de Puerto Escandón y seguir por la vía verde en camino descendente hasta llegar a Altura	pasear por el pueblo y observar el bonito paisaje de naranjos
	continuar por la Vía Verde de Ojos Negros hasta que se termine y tomar la carretera para llegar a Sagunto	ir a la playa de Sagunto para darse un baño

F1 Una ruta de unos 75 kilómetros

▶ 39 1a Text / Lösung

■ ¡Muy buenas! Aquí estamos otra vez, en un nuevo episodio de nuestro podcast *Trotamundos*. En el episodio de hoy vamos a hablar de las vacaciones sobre dos ruedas. De hecho, hablaremos de una tendencia que se ha impuesto también en nuestro país: el cicloturismo.

● Cada vez son más las personas que deciden descrubrir España en bicicleta. Y es que hay algunas rutas realmente impresionantes: algunas discurren junto al mar, otras atraviesan montañas, y otras pasan por pueblos pintorescos.

■ Hoy queremos proponeros una ruta que también es apta para los ciclistas menos experimentados, que es la ruta de Playa Blanca, en la isla de Lanzarote, una de las Islas Canarias. Se trata de un recorrido de unos 75 kilómetros en una zona mayoritariamente llana.

● La ruta empieza y termina en Playa Blanca, una importante zona turística ubicada en el sur de la isla, a unos 40 kilómetros del aeropuerto. Allí se puede disfrutar de un baño refrescante en las playas de agua cristalina, de variados espacios de ocio y de una rica oferta gastronómica.

■ La ruta en bicicleta empieza en Playa Blanca y de allí partiremos por la mañana en dirección noreste. Atravesaremos la reserva natural de Los Ajaches, una antigua y monumental formación volcánica que se puede contemplar hasta llegar a Playa Quemada. Este trecho es de unos 30 kilómetros.

● En Playa Quemada podemos descansar y darnos un baño en la playa de arena oscura y marea tranquila, y también podemos pasear por las encantadoras calles del pueblo pesquero. ¡Y para almorzar, no os vayáis sin degustar pescado fresco en algún restaurante!

■ Retomaremos la ruta partiendo de Playa Quemada hasta llegar a Femés. Aunque se trata de un camino ascendente un poco fatigoso, son solamente 10 kilómetros y merece la pena subir por la belleza de las vistas al Océano Atlántico y a las islas vecinas Isla de Lobos y Fuerteventura. Y si llegamos allí por la tarde podremos observar una espectacular puesta de sol.

● Desde Femés descenderemos de nuevo y pedalearemos unos 10 kilómetros hasta el pueblo de Yaiza. Aquí recomendamos dar un paseo por el casco histórico, que es muy representativo de la arquitectura autóctona y consiste principalmente en armoniosas casitas blancas de baja altura con portales de color verde.

■ Si paseáis por Yaiza, es obligatorio visitar la iglesia de Los Remedios, que data del siglo XVII, y la Casa Benito Pérez Armas, centro cultural del municipio.

● Además, aunque la ruta en bicicleta se puede completar en un día, si viajáis con niños o queréis tomároslo con calma, podéis pasar la noche en Yaiza y cenar allí.

- ¡Eso, eso! Y al día siguiente, la ruta continúa unos 10 kilómetros hasta Las Breñas, otro pequeño pueblo pintoresco que queda de camino hacia Playa Blanca. Allí podemos disfrutar de un desayuno típico en alguna cafetería del lugar.
- Para desayunar, recomendamos probar una pella de gofio, o un bocadillo de queso tierno y membrillo, acompañado de un "barraquito", que es un café con leche y leche condensada.
- Y al final, pedalearemos de vuelta unos 15 kilómetros en dirección a la localidad de Playa Blanca. ¡No olvidéis llevar con vosotros el bañador y las chanclas!

☒ ruta en bicicleta

▶ 39 **1b / 1c Lösung**

	1b Ruta	**1c ¿Qué se puede ver / hacer?**
4	Femés	*Se puede ver el Océano Atlántico, la Isla de Lobos y Fuerteventura, y se puede observar una espectacular puesta de sol.*
6	Las Breñas	*Se puede disfrutar de un desayuno típico, por ejemplo una pella de gofio, un bocadillo de queso tierno y membrillo y un "barraquito".*
1	Playa Blanca	*Se puede disfrutar de un baño refrescante en las playas de agua cristalina, de variados espacios de ocio y de una rica oferta gastronómica.*
5	Yaiza	*Se puede pasear por el casco histórico, visitar la iglesia de Los Remedios y la Casa Benito Pérez Armas.*
3	Playa Quemada	*Se puede descansar, darse un baño en la playa de arena oscura y marea tranquila, pasear por las encantadoras calles del pueblo pesquero y comer pescado fresco.*
2	Los Ajaches	*Se puede contemplar una antigua y monumental formación volcánica.*

▶ 40 **1d Text / Lösung**

■ Pero ahora pasemos a la planificación del viaje. Si decidimos viajar en bicicleta, debemos pensar cuidadosamente en el alojamiento.

● Sí, especialmente para quienes no son expertos, es importante buscar un alojamiento adecuado para el cicloturismo. En los últimos años, cada vez más alojamientos se han equipado para acoger a grupos o a viajeros individuales en bicicleta. También hay páginas web que permiten encontrar alojamientos, hoteles y pensiones que ofrecen servicios para ciclistas.

■ Estos hoteles se denominan *bike friendly*, en español podríamos llamarlos "amigos de las bicicletas". Ofrecen un lugar seguro para dejar la bicicleta por la noche, herramientas para repararlas y, por las mañanas, desayunos muy nutritivos.

● Un desayuno nutritivo es necesario antes de salir a dar paseos en bicicleta... También estaría bien que ofrecieran masajes y sauna gratuitos, ¿no?

■ Lamentablemente no ofrecen ese servicio, de momento... Pero a lo mejor los hoteleros que nos escuchan cumplen tu deseo... ¡Quién sabe!

● Pero, por supuesto, no a todo el mundo le gustan los hoteles o las pensiones. Por eso también queremos proponeros otro tipo de alojamiento, interesante y sobre todo... ¡gratuito!

■ Para los ciclistas que quieren conocer a otras personas apasionadas por el ciclismo, la página web *warm showers* es para vosotros. Se trata de una comunidad en línea dedicada únicamente a los ciclistas que buscan alojamiento durante sus viajes sobre dos ruedas.

● ¿Funciona más o menos como el *couchsurfing*?

■ Exactamente, es como el *couchsurfing* para ciclistas. Basta con registrarse en la página web de *warm showers* para ofrecer o buscar hospitalidad. Los miembros ofrecen una habitación o simplemente una cama en su casa y, por supuesto, una ducha caliente de forma gratuita. La web es una plataforma internacional y ofrece un mapa interactivo para encontrar alojamiento en la zona a la que se viaja.

● Sí, y algo muy importante que no debemos olvidar es que *warm showers* se basa en gran medida en la confianza y en un sistema de reseñas. En la web podemos leer los comentarios positivos o negativos de los usuarios y decidir en consecuencia dónde alojarnos.

En la segunda parte del podcast se habla de ☒ alojamientos para cicloturistas.

▶ 40 **1e Lösung**

1. En España ☒ cada vez más hoteles están equipados para el cicloturismo.
2. Los hoteles *bike friendly* no ofrecen ☒ masajes y sauna gratuitos.
3. *Warm showers* es una comunidad en línea ☒ solo para cicloturistas.
4. La web reúne a miembros de ☒ muchos países y ofrece la posibilidad de encontrar alojamientos ☒ gratuitos.
5. En la web de *warm showers* ☒ se pueden leer las opiniones de los usuarios.

▶ 41 **1f Text / Mögliche Lösung**

...

■ Entonces partimos de Ojos Negros hasta Peracense. ¿Y luego?

▲ *Salimos de Peracense y pedaleamos hasta llegar a Teruel. Allí se puede visitar el casco antiguo y comer gazpacho de pastor con sollapas.*

■ ¡Teruel tiene un casco antiguo encantador, y la comida típica está riquísima! Y desde Teruel, ¿hacia dónde vamos después?

▲ *Tomamos la Vía Alfambra desde Teruel y nos reincorporamos a la Vía Verde de Ojos Negros hasta llegar a Puerto Escandón. Allí se puede descansar, cenar en el restaurante y pasar la noche en el hotel para ciclistas.*

■ Sí, en Puerto Escandón hay un hotel equipado para aparcar la bicicleta por la noche. Y además, en el restaurante se come muy bien. Bueno, sigamos con nuestro viaje. Desde Puerto Escandón, ¿a dónde vamos?

▲ *Salimos de Puerto Escandón y seguimos por la vía verde en camino descendente hasta llegar a Altura. Allí se puede pasear por el pueblo y observar el bonito paisaje de naranjos.*

■ Altura es un pueblo muy bonito en el que recomendamos visitar la Cartuja de Vall de Cristo, un antiguo monasterio de dimensiones imponentes que refleja muy bien el estilo arquitectónico típico de la zona. Ahora pasemos a la última etapa de la ruta. Desde Altura, ¿hacia dónde vamos?

▲ *Después continuamos por la Vía Verde de Ojos Negros hasta que se termine y tomamos la carretera para llegar a Sagunto. Allí se puede ir a la playa de Sagunto para darse un baño.*

■ Muchas gracias por llevarnos contigo de ruta en bicicleta por la Vía verde de Ojos Negros. Y ahora sigamos con...

F2 Pero si os pasó lo mismo la última vez...

▶ 42 **2a Miguel berichtet von seiner letzten Urlaubsreise. Welche Zusammenfassung passt zu seiner Erzählung?**

☐ Miguel y Nicolás perdieron el vuelo y no llegaron a su destino.

☐ Miguel y Nicolás consiguieron tomar el vuelo y llegaron a su destino.

▶ 42 **2b Hören Sie Miguels Erzählung erneut und kreuzen Sie an.**

1. Nicolás olvidó
   ☐ llevar el pasaporte. ☐ poner el despertador.
2. En la carretera de circunvalación
   ☐ estaban de obras. ☐ había habido un accidente.
3. En el control de seguridad
   ☐ tuvieron que esperar mucho tiempo. ☐ no hubo problemas.
4. En el aeropuerto descubrieron que el vuelo
   ☐ tenía algunas horas de retraso. ☐ había sido cancelado.

▶ 42 **2c Vervollständigen Sie nun das Gespräch mit den folgenden Ausdrücken. Hören Sie anschließend zur Kontrolle.**

No me digas que • ¡No me lo puedo creer! • ¿Y entonces? • Cuenta, cuenta... • en realidad • ¡Pobrecitos! • ¡Madre mía!

■ Cuéntame, Miguel, ¿qué tal tu viaje a Turquía?

● Pues fue un viaje para olvidar... o inolvidable, llámalo como quieras. Todo lo que podía salir mal, salió mal.

■ ¿Qué paso? ____________________

● Mira, todo salió un poco mal. Sobre todo al principio fue un desastre. El día del viaje de ida, Nicolás y yo nos levantamos tarde.

■ ____________________ Pero si os pasó lo mismo la última vez...

● Ya ves. Esta vez no sonó el despertador, o mejor dicho, a Nicolás se le olvidó poner la alarma y nos despertamos dos horas antes del vuelo. Así que tuvimos que coger un taxi para ir al aeropuerto. Y justo ese día estaban de obras en la carretera de circunvalación...

■ ____________________ os quedasteis atrapados en un atasco y perdisteis el vuelo...

- No, por suerte no. A pesar del atasco, conseguimos llegar justo a tiempo, facturamos y pasamos el control de seguridad. Todo parecía ir bien... pero justo cuando estábamos a punto de llegar a la puerta de embarque, nos informaron de que el vuelo tenía un retraso de cuatro horas.

- ¡Oh, no! ____________________
  Bueno, por lo menos pudisteis dormir un poco más ese día. Claro, cuatro horas de retraso son un fastidio, pero son cosas que pasan, ¿no?

- Sí, bueno, ____________________ eso solo fue un contratiempo menor. Las cuatro horas se pasaron volando. Mientras esperábamos paseamos por las tiendas, comimos algo, vimos algunos capítulos de una serie...

- ____________________ ¿Conseguisteis coger el avión?

- Sí, finalmente llegamos a nuestro destino por la tarde. Pero, nada más aterrizar, nos esperaba otro contratiempo.

- ____________________ ¿La maleta no llegó a su destino?

▶ 43 **2d Hören Sie nun die Fortsetzung des Gesprächs: Was war das nächste Problem?**

Al llegar al destino, Miguel tuvo problemas con ...

☐ la foto del pasaporte.

☐ la fecha de caducidad del pasaporte.

☐ un sello en el pasaporte.

▶ 43 **2e Hören Sie die Fortsetzung erneut. Welche Aussagen dazu sind *verdadero*, welche *falso*?**

		v	f
1.	La puerta del control de pasaportes se abrió y Miguel pudo pasar.	☐	☐
2.	Los dos policías eran simpáticos y hablaban inglés.	☐	☐
3.	Uno de los policías interrogó a Miguel durante 45 minutos.	☐	☐
4.	En la foto del pasaporte, Miguel tenía el pelo largo y barba.	☐	☐
5.	El sistema de reconocimiento biométrico confundió a Miguel con un criminal.	☐	☐
6.	Al final, el policía no se disculpó con Miguel.	☐	☐

▶ 42/43 **2f Hören Sie die gesamte Unterhaltung erneut. Welche(n) der folgenden Ausdrücke aus der Unterhaltung verwendet man, um ...**

¡Me lo creo! • ¡Qué locura! • ¿Y entonces? • Lo que pasó fue que... • Me estás queriendo decir que... • ¿Estás de broma? • Encima... • Bueno... • No me digas que... • ¡No me lo puedo creer! • ¡Madre mía! • Cuenta, cuenta... • ¡Pobrecitos!

1. ... eine Erzählung / einen Bericht zu beginnen: ______________________
2. ... jemanden aufzufordern, etwas zu erzählen: ______________________
3. ... eine Antwort / Aussage vorwegzunehmen: ______________________
____
4. ... zu fragen, was dann passiert ist: ______________________
5. ... zusätzliche relevante Informationen hinzuzufügen: ______________________
6. ... Erstaunen und Überraschung über das Gehörte auszudrücken: ______________________
____
7. ... Mitgefühl auszudrücken: ______________________
8. ... eine Schlussfolgerung einzuleiten: ______________________

▶ 44 **2g Reagieren Sie nun mithilfe der Ausdrücke aus Übung 2f passend auf Claras Reisebericht. Beginnen Sie das Gespräch wie im Beispiel angegeben.**

Ejemplo

▲ Bueno, Clara, ¿cómo fue vuestro viaje a Portugal?

◆ Mejor no preguntes... Todo lo que podía salir mal, salió mal.

▲ ...

1. Sie fordern Clara zum Erzählen auf.
2. Sie sind erstaunt und fragen, was dann passiert ist.
3. Sie nehmen die Anwort vorweg und denken, dass sie den Koffer verloren haben.
4. Sie sind erstaunt und fragen, was dann passiert ist.
5. Sie zeigen Mitgefühl.

F2 Pero si os pasó lo mismo la última vez...

▶ 42 2a Lösung

☒ Miguel y Nicolás consiguieron tomar el vuelo y llegaron a su destino.

▶ 42 2b Lösung

1. A Nicolás se le olvidó ☒ poner el despertador.
2. En la carretera de circunvalación ☒ estaban de obras.
3. En el control de seguridad ☒ no hubo problemas.
4. En el aeropuerto descubrieron que el vuelo ☒ tenía algunas horas de retraso.

▶ 42 2c Text / Lösung

■ Cuéntame, Miguel, ¿qué tal tu viaje a Turquía?

● Pues fue un viaje para olvidar... o inolvidable, llámalo como quieras. Todo lo que podía salir mal, salió mal.

■ ¿Qué paso? *Cuenta, cuenta...*

● Mira, todo salió un poco mal. Sobre todo al principio fue un desastre. El día del viaje de ida, Nicolás y yo nos levantamos tarde.

■ *¡No me lo puedo creer!* Pero si os pasó lo mismo la última vez...

● Ya ves. Esta vez no sonó el despertador, o mejor dicho, a Nicolás se le olvidó poner la alarma y nos despertamos dos horas antes del vuelo. Así que tuvimos que coger un taxi para ir al aeropuerto. Y justo ese día estaban de obras en la carretera de circunvalación...

■ *No me digas que* os quedasteis atrapados en un atasco y perdisteis el vuelo...

● No, por suerte no. A pesar del atasco, conseguimos llegar justo a tiempo, facturamos y pasamos el control de seguridad. Todo parecía ir bien... pero justo cuando estábamos a punto de llegar a la puerta de embarque, nos informaron de que el vuelo tenía un retraso de cuatro horas.

■ ¡Oh, no! *¡Pobrecitos!* Bueno, por lo menos pudisteis dormir un poco más ese día. Claro, cuatro horas de retraso son un fastidio, pero son cosas que pasan, ¿no?

● Sí, bueno, *en realidad* eso solo fue un contratiempo menor. Las cuatro horas se pasaron volando. Mientras esperábamos paseamos por las tiendas, comimos algo, vimos algunos capítulos de una serie...

■ *¿Y entonces?* ¿Conseguisteis coger el avión?

● Sí, finalmente llegamos a nuestro destino por la tarde. Pero, nada más aterrizar, ya nos esperaba otro contratiempo.

■ *¡Madre mía!* ¿La maleta no llegó a su destino?

▶ 43 **2d Text / Lösung**

- ● Bueno... Lo que pasó fue que, después de aterrizar, fuimos al control de pasaportes. Sabes que ahora hacen el control biométrico de pasaportes, ¿no?
- ■ Claro que sí. Pones tu pasaporte en un escáner y hay una cámara observándote... y si tu cara coincide con la foto del pasaporte, la puerta se abre y puedes pasar.
- ● Exacto... pues coloqué el pasaporte en el escáner, me quité las gafas y me coloqué delante de la puerta, miré a la cámara y... nada, no pasó nada.
- ■ ¿Me estás diciendo que la puerta no se abrió?
- ● Correcto. Esperé y esperé, ¡pero nada! Mientras tanto, la gente esperaba impaciente detrás de mí para poder pasar el control. ¡Qué vergüenza!
- ■ ¿Y entonces?
- ● Entonces llegaron dos agentes de policía con un aspecto muy serio, casi amenazante. Vamos, muy poco simpáticos. Y encima no hablaban inglés, así que al principio no sabía qué querían. Entonces uno de ellos señaló en una dirección y entendí que tenía que seguirlos.
- ■ ¿Estás de broma? ¿Y a dónde te llevaron?
- ● Me llevaron a una habitación y me dejaron solo durante unos 15 o 20 minutos. Estaba aterrorizado.
- ■ ¡Me lo creo!
- ● Finalmente llegó un agente de policía y me interrogó. Empezó a hacerme un montón de preguntas sobre mi procedencia, mi trabajo, pero sobre todo sobre la foto de mi pasaporte. Estuve 45 minutos en esa pequeña habitación respondiendo a preguntas absurdas.
- ■ Lo siento, pero, ¿cuál era el problema? No eres un criminal...
- ● Espera y verás... La foto del pasaporte es de hace unos años. Por aquel entonces llevaba el pelo largo y no tenía barba como ahora.
- ■ Ah, ¿entonces la cámara de control biométrico no reconoció tu cara porque ahora llevas barba y tienes el pelo corto?
- ● Y no solo eso. El sistema de reconocimiento facial encontró un parecido entre mi cara y la de un criminal buscado internacionalmente.
- ■ ¡Así que te confundieron con un criminal! ¡Qué locura! ¿Y cómo resolviste la situación?
- ● El policía hizo algunas llamadas, verificó mi identidad en la embajada española de Estambul y aclaró la situación. Y luego, nada más... se disculpó y me dejó ir... Eran las 11 de la noche y estaba agotado.
- ■ ¡Madre mía, Miguel, esas cosas solo te pasan a ti!

Al llegar al destino, Miguel tuvo problemas con ☒ la foto del pasaporte.

▶ 43 2e Lösung

	v	f
1. La puerta del control de pasaportes se abrió y Miguel pudo pasar. *La puerta no se abrió.*	☐	☒
2. Los dos policías eran simpáticos y hablaban inglés. *Los dos policías tenían un aspecto serio y amenazante y no hablaban inglés.*	☐	☒
3. Uno de los policías interrogó a Miguel durante 45 minutos.	☒	☐
4. En la foto del pasaporte, Miguel tenía el pelo largo y barba. *En la foto del pasaporte, Miguel tenía el pelo largo, pero no llevaba barba.*	☐	☒
5. El sistema de reconocimiento biométrico confundió a Miguel con un criminal.	☒	☐
6. Al final, el policía no se disculpó con Miguel. *El policía se disculpó con Miguel.*	☐	☒

▶ 42/43 2f Lösung

1. *Lo que pasó fue que…*
2. *Cuenta, cuenta…*
3. *Me estás queriendo decir que…; No me digas que…*
4. *¿Y entonces?*
5. *Encima…*
6. *¿Estás de broma?; ¡Qué locura!; ¡No me lo puedo creer!; ¡Madre mía!*
7. *¡Pobrecitos!; ¡Me lo creo!*
8. *Bueno…*

▶ 44 **2g Text / Lösung**

▲ Bueno, Clara, ¿cómo fue vuestro viaje a Portugal?

■ Mejor no preguntes... Todo lo que podía salir mal, salió mal.

▲ *Cuenta, cuenta...*

■ Mira, ya al principio todo fue un desastre, porque el vuelo tenía tres horas de retraso...

▲ *¡Madre mía! / ¿Estás de broma? ¿Y entonces?*

■ Las tres horas pasaron muy rápido. Mientras esperábamos, paseamos por las tiendas y comimos algo. Finalmente llegamos a Lisboa, pero justo después de aterrizar nos esperaba una nueva sorpresa...

▲ *No me digas que perdisteis la maleta...*

■ No, eso no, pero tuvimos un problema con la reserva del coche de alquiler y tuvimos que esperar otras dos horas antes de poder irnos del aeropuerto.

▲ *¡No me lo puedo creer! ¿Y entonces?*

■ Tomamos el coche y nos fuimos a un hotel cerca del aeropuerto. Ya era medianoche y era demasiado tarde para continuar el viaje a Lagos. Lamentablemente no había habitaciones libres, así que dormimos en el coche, ¡en el aparcamiento del hotel!

▲ *¡Pobrecitos!*

■ Lo sé. Pero bueno, al día siguiente comenzaron las verdaderas vacaciones...

F3 ¡Quiero que me devuelvan el dinero!

▶ 45 **3a Carla und Tomás haben bei der Ankunft in ihrer Ferienwohnung ein Problem. Welches Foto passt zum Dialog?**

▶ 45 **3b Hören Sie noch einmal und entscheiden Sie, welche Hinweise Carla und Tomás in der Wohnung für das Problem aus 3a finden?**

☐ cable roído ☐ azúcar en el suelo ☐ mal olor
☐ pasta derramada en el armario ☐ manchas en la pared ☐ ruidos extraños

▶ 46 **3c Tomás ruft am nächsten Tag den Besitzer der Wohnung an und beschwert sich. Hören Sie zu und entscheiden Sie, wie das Telefonat endet.**

El dueño del apartamento y Tomás ☐ llegan ☐ no llegan a un acuerdo para solucionar el problema.

▶ 46 **3d Hören Sie das Telefonat noch einmal. Welche Aussagen dazu sind *verdadero*, welche *falso*?**

	v	f
1. Carla durmió en el sofá porque le daban miedo los ratones.	☐	☐
2. Tomás sugiere poner trampas químicas.	☐	☐
3. Tomás y su mujer pueden comer en un restaurante cercano.	☐	☐
4. Tomás puede cancelar la reserva y le devolverán el dinero.	☐	☐
5. El dueño ofrece un alojamiento gratuito de categoría superior.	☐	☐

▶ 46 **3e Hören Sie das Telefonat erneut und entscheiden Sie, welche(n) der folgenden Ausdrücke man gebraucht, um ...**

Lo lamento muchísimo... • ¡Faltaría más! • ¡Lo que me faltaba! • Quiero cancelar la reserva. • Quiero que me devuelvan el dinero. • Escuche, lo lamento. • Le llamo para... • Esto me parece inaceptable. • No entiendo cómo ha podido pasar.

1. den Grund für einen Anruf einzuleiten: ____________________
2. Empörung auszudrücken: ____________________
3. eine Reservierung zu stornieren: ____________________
4. eine Rückerstattung zu bitten: ____________________
5. sich zu entschuldigen: ____________________

▶ 47 **3f Sie sind gerade in Ihrem Ferienhaus in Spanien angekommen und es gibt ein paar Probleme. Sie rufen den Besitzer der Wohnung an und beschweren sich. Übernehmen Sie die Rolle ▲ und führen Sie das Telefonat mithilfe der Angaben.**

■ ¿Dígame?

Sie grüßen und stellen sich mit Vor- und Nachnamen vor. Sie sagen, dass Sie anrufen, um ein paar Probleme in der Wohnung zu melden.

▲ *Hola, buenos días. Soy* ____________________

____

____

■ Por favor, dígame qué pasa.

Sie haben die Wohnung sehr schmutzig vorgefunden. Das Badezimmer ist nicht sehr sauber, die Bettwäsche (= las sábanas) *hat merkwürdige Flecken* (= manchas). *Und in der Küche ist Schimmel* (= moho) *an den Wänden. Sie sind wirklich sehr enttäuscht.*

▲ ____________________

____

____

____

____

■ Lo lamento muchísimo. No entiendo cómo ha podido pasar. Lamentablemente ya son las seis de la tarde, pero mañana por la mañana mandaré enseguida al servicio de limpieza.

Sie fragen den Besitzer, ob er in der Zwischenzeit etwas machen kann.

____

____

■ Mientras tanto no hay mucho que pueda hacer.

Sie finden das alles unzumutbar. Ein Haus mit Schimmel an den Wänden ist wirklich keine gesunde Umgebung (= ambiente). *Außerdem ist es unhygienisch, in einem Bett mit schmutziger Bettwäsche zu schlafen.*

▲ ______________________________

■ Escuche, lo lamento. Puedo llevarle ropa de cama recién lavada y hacer la cama yo.

Sie sind empört! Das Problem mit dem Schimmel bleibt doch bestehen. Sie fragen, ob es möglich wäre, eine andere Unterkunft zu bekommen.

▲ ______________________________

■ Por desgracia, no. Estamos en plena temporada de verano y los demás apartamentos de la misma categoría están ocupados hasta el próximo domingo.

Sie möchten die Buchung nun gerne stornieren und eine Rückerstattung erhalten.

▲ ______________________________

■ Lamentablemente solo es posible cancelar la reserva hasta dos días antes de la llegada. Así que no puedo devolverle el dinero.

Sie sind empört und fragen den Besitzer, was er vorschlägt. Sie machen deutlich, dass Sie nicht dort bleiben wollen.

▲ ______________________________

■ Espere un segundo... Bueno, me queda un apartamento libre de categoría superior, una casa de dos habitaciones con piscina y vistas al mar. Es un alojamiento de lujo que cuesta 150 € al día, pero, dadas las circunstancias, puedo ofrecerle un *upgrade* gratuito. ¿Qué le parece?

Für Sie ist das in Ordnung. Sie haben nicht vor, noch mehr Geld auszugeben.

▲ ______________________________

F3 ¡Quiero que me devuelvan el dinero!

▶ 45 3a Text / Lösung

■ Madre mía, ¡qué cansancio! Después de doce horas de conducir estoy agotado.

● Pero por fin hemos llegado y las vacaciones en nuestro apartamento pueden comenzar.

■ Venga, vamos a echar un vistazo para ver si todo está en orden y luego nos vamos a dormir.

...

■ Pues... El dormitorio está en orden...

● Sí, el baño también está limpio. Veamos la cocina.

...

● Madre mía, ¿qué ha pasado aquí? ¡Qué desastre! ¿Eso es harina?

■ No, es azúcar. Mira, los huéspedes que estuvieron aquí antes que nosotros dejaron un paquete abierto en la mesa, se cayó y el azúcar se esparció por el suelo.

● No lo sé, pero me parece extraño. Un paquete de azúcar no se cae solo... Y mira este armario. Hay pasta por todas partes y el paquete está vacío.

■ Hmm, realmente extraño. ¿Y no huele un poco mal?

● ¡Sí, qué peste!

■ Shhh. He escuchado un ruido raro. ¿Tú también lo escuchas?

● ¡Ay, Dios mío! ¿Qué es eso?

■ Parece que alguien está intentando entrar... Los ruidos proceden de allí, de la despensa... A ver... ¡Ahhh, un ratón!

● No, dos... no, ¡tres! ¿Y ahora qué?

Zum Dialog passt Foto C.

▶ 45 3b Lösung

☒ azúcar en el suelo
☒ pasta derramada en el armario
☒ mal olor
☒ ruidos extraños

▶ 46 **3c Text / Lösung**

■ ¿Dígame?

● Hola, buenos días. Soy Tomás Fernández, el huésped en el apartamento 3C.

■ Ah, ¡buenos días! ¿Cómo está? ¿Descansó bien anoche?

● Pues no, para nada. Llamo para informarle de un problema grave en el apartamento. Estamos bastante decepcionados.

■ Por favor, dígame qué pasa.

● Anoche, cuando llegamos, encontramos unos... compañeros de piso muy desagradables. Hay tres ratones que deambulan a sus anchas por la cocina y la despensa.

■ ¿Está de broma?

● ¿Le parece que estoy bromeando? Mire, mi mujer tiene fobia a los ratones. No pudo pegar ojo porque los oía roer. A las 3 de la mañana, desesperada, decidió irse a dormir al coche.

■ Lo lamento muchísimo. No entiendo cómo ha podido pasar. Voy a llamar al exterminador ahora mismo. Pero hoy es sábado, y seguramente no podré concertar una cita antes del lunes por la mañana.

● Y mientras tanto, ¿no hay nada que pueda hacer?

■ Mientras tanto no hay mucho que pueda hacer, lamentablemente. Podemos buscar el agujero por donde entraron y poner trampas químicas en la cocina y en la despensa.

● Esto me parece inaceptable. Es antihigiénico tener ratones en casa: portan enfermedades que pueden transmitirse fácilmente a los humanos. Y no creo que sea saludable tener trampas químicas en casa. ¿Tenemos que cocinar mientras hay veneno para ratones en los armarios de la cocina?

■ Mire, lo lamento. Durante estos días pueden hacer uso del servicio de comida del restaurante "El roble", que está a pocos metros del apartamento. El dueño conoce nuestra agencia, así que nos encargaremos de la factura.

● ¡Faltaría más! El problema sigue ahí. Como le digo, mi mujer está aterrorizada. ¿Sería posible conseguir otro alojamiento?

■ Por desgracia, no. Estamos en plena temporada de verano y los demás apartamentos de la misma categoría están ocupados hasta el próximo domingo...

● Entonces quiero cancelar la reserva y que me devuelvan el dinero.

■ Lamentablemente solo es posible cancelar la reserva hasta dos días antes de la llegada. Así que no puedo devolverle el dinero.

- ¡Lo que me faltaba! ¿Qué propone entonces? ¿Que pasemos las vacaciones con los ratones?
- Espere un segundo... Bueno, me queda un apartamento libre de categoría superior, una casa de dos habitaciones con piscina y vistas al mar. Es un alojamiento de lujo que cuesta 150 € al día, pero, dadas las circunstancias, puedo ofrecerle un *upgrade* gratuito. ¿Qué le parece?
- Por mí, bien. Lo importante es que el *upgrade* sea realmente gratuito y no tenga que gastar más dinero...

El dueño del apartamento y Tomás ☒ llegan a un acuerdo para solucionar el problema.

▶ 46 3d Lösung

	v	f
1. Carla durmió en el sofá porque le daban miedo los ratones.	☐	☒
Carla decidió irse a dormir al coche.		
2. Tomás sugiere poner trampas químicas.	☐	☒
El dueño del apartamento sugiere poner trampas químicas.		
3. Tomás y su mujer pueden comer en un restaurante cercano.	☒	☐
4. Tomás puede cancelar la reserva y recibir la devolución del dinero.	☐	☒
Solo es posible cancelar la reserva hasta dos días antes de la llegada, así que Tomás no puede cancelar la reserva y no pueden devolverle el dinero.		
5. El dueño ofrece un alojamiento gratuito de categoría superior.	☒	☐

▶ 46 3e Lösung

1. *Le llamo para…*
2. *¡Lo que me faltaba!; Esto me parece inaceptable.; ¡Faltaría más!*
3. *Quiero cancelar la reserva.*
4. *Quiero que me devuelvan el dinero.*
5. *Lo lamento muchísimo…; Escuche, lo lamento.; No entiendo cómo ha podido pasar.*

▶ 47 3f Text / Lösung

■ ¿Dígame?

▲ *Hola, buenos días. Soy (Ihr Vor- und Nachname). Llamo para informarle de un par de problemas en el apartamento.*

■ Por favor, dígame qué pasa.

▲ *Hemos encontrado / He encontrado el apartamento muy sucio. El baño no está muy limpio, las sábanas tienen manchas extrañas. Y en la cocina hay moho en las paredes. Estoy bastante decepcionado/a. / Estamos bastante decepcionados/as.*

■ Lo lamento muchísimo. No entiendo cómo ha podido pasar. Lamentablemente ya son las seis de la tarde, pero mañana por la mañana mandaré enseguida al servicio de limpieza.

▲ *Mientras tanto, ¿no hay nada que pueda hacer?*

■ Mientras tanto no hay mucho que podamos hacer.

▲ *Esto me parece inaceptable. Un apartamento con moho en las paredes no es un ambiente saludable. Además, es antihigiénico dormir en una cama con sábanas sucias.*

■ Escuche, lo lamento. Puedo llevarle ropa de cama recién lavada y hacer la cama yo.

▲ *¡Faltaría más! Pero el problema del moho sigue ahí. ¿Sería posible conseguir otro alojamiento?*

■ Por desgracia, no. Estamos en plena temporada de verano y los demás apartamentos de la misma categoría están ocupados hasta el próximo domingo.

▲ *Entonces quiero cancelar la reserva y que me devuelvan el dinero.*

■ Lamentablemente solo es posible cancelar la reserva hasta dos días antes de la llegada. Así que no puedo devolverle el dinero.

▲ *¡Lo que me faltaba! ¿Qué propone entonces? No quiero quedarme aquí. / No queremos quedarnos aquí.*

■ Espere un segundo... Bueno, me queda un apartamento libre de categoría superior, una casa de dos habitaciones con piscina y vistas al mar. Es un alojamiento de lujo que cuesta 150 € al día, pero, dadas las circunstancias, puedo ofrecerle un *upgrade* gratuito. ¿Qué le parece?

▲ *Por mí, bien. No pienso gastar más dinero…*

G Así me siento bien.

G1 Es bueno para la salud.

▶ 48 **1a Hören Sie den Podcast, für den Personal Trainer und Ernährungsberater Alejandro Rubíes interviewt wird. Worum geht es in dem Interview hauptsächlich?**

En la entrevista se habla de ☐ desórdenes alimentarios. ☐ intolerancias alimentarias. ☐ tipos de alimentación. ☐ dietas para adelgazar.

▶ 48 **1b Hören Sie das Interview noch einmal. Welche Lebensmittel essen die folgenden Personengruppen.**

pescetarianos/-as • frutarianos/-as • ovolactovegetarianos/-as • veganos/-as

1. ______________________

2. ______________________

3. ______________________

4. ______________________

▶ 48 **1c Hören Sie das Interview noch einmal und entscheiden Sie: *verdadero* oder *falso*?**

	v	f
1. En España, ser vegetariano o vegano es visto como una moda.	☐	☐
2. El mal uso de las palabras crea prejuicios sobre el veganismo y el vegetarianismo.	☐	☐
3. Una dieta sin carne previene las enfermedades del corazón y la diabetes.	☐	☐
4. El consumo de frutos secos puede prevenir la falta de hierro.	☐	☐
5. Una dieta vegetariana equilibrada no provoca déficits nutricionales.	☐	☐

▶ 49 **1d Hören Sie die Fortsetzung des Interviews und entscheiden Sie, worüber NICHT gesprochen wird.**

☐ déficits nutricionales relacionados con el veganismo

☐ recetas vegetarianas y veganas

☐ razones para ser vegetariano

☐ peligros de una alimentación vegana

1e Hören Sie die folgenden Ausschnitte aus dem Interview (mehrmals) und beantworten Sie die Fragen dazu.

▶ 50 1. Además de por salud, ¿por qué otros motivos algunas personas se hacen vegetarianas?

a. *Porque* ____________________

____

b. ____________________

____

c. ____________________

____

▶ 51 2. Algunos críticos dicen que los vegetarianos no siempre son 100% respetuosos con el medioambiente. ¿Por qué?

____

____

▶ 52 3. ¿Hay que dejar de comer carne para llevar una dieta sostenible?

____

____

▶ 53 4. ¿Qué alimentos vegetales se pueden comer para cubrir la necesidad de proteínas?

____

▶ 54 **1f Sie werden für den Podcast *Universo del Fitness* zum Thema Ernährung interviewt. Übernehmen Sie die Rolle ▲ und antworten Sie mithilfe der folgenden Angaben.**

■ Buenas tardes, ¿sigue usted una dieta saludable y sostenible?

Sie bejahen und sagen, dass Sie seit einigen Jahren Vegetarier / Vegetarierin sind. Sie haben damit angefangen, auf Fleisch zu verzichten (= renunciar a) *und vor zwei Jahren haben Sie dann auch aufgehört, Fisch zu essen.*

▲ *Sí, soy vegetariano / vegetariana* ____________________

■ ¿Y le pareció difícil cambiar su alimentación?

Sie sagen, dass Ihnen Fisch nie besonders geschmeckt hat. Daher war es einfach, ihn nicht mehr zu essen. Mit dem Fleisch ist es schwieriger gewesen.

▲ ____________________

■ ¿Y por qué tomó esa decisión?

Sie antworten, dass Sie aus ethischen Gründen begonnen haben, sich vegetarisch zu ernähren. Sie wollen nicht für die Schlachtung (= matanza) *von Tieren verantwortlich sein.*

▲ ____________________

■ Se considera que una dieta vegetariana es buena para la salud. ¿Ha experimentado algún beneficio?

Sie bejahen und sagen, dass Sie keine Verdauungsstörungen (= problemas de digestión) *mehr haben, seitdem Sie Vegetarier / Vegetarierin sind.*

▲ ____________________

■ Una alimentación vegetariana también tiene efectos positivos para el medioambiente y es más sostenible. ¿Usted también le da importancia a este aspecto?

Sie bejahen und sagen, dass Sie die Herkunft von Obst und Gemüse prüfen und möglichst nur regionale Produkte kaufen.

▲ ____________________

■ ¡Muchas gracias!

G1 Es bueno para la salud.

▶ 48 1a Text / Lösung

- ■ Bienvenidos una vez más al podcast *Universo del Fitness*. Hoy nos acompaña el entrenador personal, dietista y nutricionista Alejandro Rubíes. Hablaremos con él de salud, bienestar, alimentación... y también de su nuevo libro. ¡Hola, Alejandro, gracias por venir!
- ● Hola, y gracias a vosotros por invitarme.
- ■ En tu último libro, que, por cierto, ha tenido un gran éxito, presentas los beneficios de una dieta vegetariana desde varios puntos de vista. Hasta hace algunos años, ser "vegetariano" o "vegano" se consideraba una moda del momento, a menudo vinculada a movimientos espirituales como la Nueva Era. Sin embargo, hoy en día la dieta vegetariana es el estilo de vida del 10% de los españoles.
- ● Sí, y se ve claramente que ya no es una moda, porque la industria alimentaria se ha adaptado a los cambios de la sociedad. Hoy en día, se ofrecen muchas versiones vegetarianas de productos tradicionales, por ejemplo, podemos encontrar en el supermercado lasañas de seitán o de tofu al lado de las lasañas de carne picada. Hasta hace unos años esto era impensable.
- ■ Y sin embargo, sigue habiendo prejuicios contra los vegetarianos y los veganos. Algunos los ven como personas que no saben disfrutar de la comida y de las cosas buenas de la vida... Otros incluso los ven como extremistas...
- ● Sí, a veces estos prejuicios surgen del desconocimiento del fenómeno o del uso incorrecto de palabras y definiciones. La gente confunde a los vegetarianos con los veganos y a los veganos con los frutarianos, por ejemplo.
- ■ Así es, vamos a intentar aclarar esto.
- ● Bueno, hablamos de vegetarianismo cuando seguimos una dieta que evita la carne y otros alimentos que provocan la matanza de un animal, por tanto, también el pescado. La mayoría de los vegetarianos son ovolactovegetarianos, es decir, sí consumen productos lácteos y huevos.
- ■ Digamos que los vegetarianos consumen productos animales como la leche, pero no su carne o pescado. Pero hay mucha gente que no sabe eso. Mi pareja es vegetariana y a menudo en los restaurantes le ofrecen pescado.
- ● En tal caso hablaríamos de pescetarianismo. Los pescetarianos renuncian al consumo de carne, pero, como indica la palabra, comen pescado.
- ■ Pasemos ahora al veganismo y al frutarianismo. ¿Cuáles son las diferencias?
- ● La cocina vegana excluye todos los productos de origen animal, incluida la leche, los huevos y la miel. Los veganos comen cereales, legumbres, tofu, y por supuesto frutas y verduras. El frutarianismo, en cambio, es una forma extrema de veganismo que consiste en comer principalmente fruta fresca, así como frutos secos y semillas.

- De acuerdo, volvamos un momento al vegetarianismo. ¿Cuáles son las motivaciones para que la gente decida llevar una dieta sin carne?
- Bueno, uno de los motivos para ser vegetariano es la salud. Seguir una dieta vegetariana es bueno para la salud, y varios estudios han destacado sus beneficios. En concreto, parece que eliminar la carne de la dieta previene algunas enfermedades, como la diabetes. Una dieta vegetariana elimina las grasas saturadas de la carne, lo que permite reducir los niveles de colesterol y prevenir los peligros de una enfermedad cardíaca.
- Y no solo eso, parece. En tu libro también mencionas estudios sobre el vegetarianismo y la prevención de otras enfermedades graves como el cáncer.
- Sí, un estudio descubrió que una dieta sin carne reducía el riesgo de ciertas formas de cáncer, como el de colon, en un 21%. Pero, en general, priorizar el consumo de frutas y verduras disminuye significativamente el riesgo de muchas enfermedades típicas de nuestro siglo, como la hipertensión y la obesidad.
- Entonces parece que una dieta vegetariana solo tiene aspectos positivos para nuestra salud. Sin embargo, a menudo se señalan las deficiencias nutricionales que pueden surgir. ¿Cuáles son los riesgos de este tipo de dieta?
- Pues una de las dificultades de la dieta vegetariana es la absorción del hierro, un mineral esencial para nuestro organismo. El hierro está presente en abundancia en la carne. En los alimentos de origen vegetal, el hierro se encuentra en las verduras de hoja verde, en los frutos secos y en las algas. Sin embargo, este tipo de hierro vegetal solo puede ser bien absorbido por el organismo si se toma con alimentos ricos en vitamina C.
- Así que, si se consumen alimentos vegetales como la rúcula, junto con alimentos ricos en vitamina C, como los limones o los pimientos, se puede compensar ese déficit.
- Sí, exacto. También los ácidos grasos, los famosos Omega 3, son importantes para nuestro organismo, especialmente para nuestro sistema inmunológico, porque tienen un efecto antiinflamatorio. Estos se encuentran principalmente en el pescado, por lo que para los pescetarianos no es un problema. Para los que no comen pescado, la alternativa pueden ser los frutos secos o ciertos aceites vegetales, como el de lino.
- Entonces, en este caso los frutos secos también son un ingrediente básico para una alimentación vegetariana.
- Sí, los frutos secos son muy ricos en vitaminas, como la vitamina B y la E. También son ricos en minerales, como el magnesio, el calcio, el hierro, el cobre y el fósforo, y también contienen fibra. En resumen, siguiendo una dieta vegetariana bien equilibrada no hay peligro de deficiencias nutricionales.
- Para resumir, podemos decir que muchas personas siguen una dieta vegetariana por motivos de salud. Pero pasemos a...

En la entrevista se habla de ☒ tipos de alimentación.

▶ 48 **1b Lösung**

1. frutarianos/-as, 2. pescetarianos/-as; 3. ovolactovegetarianos/-as; 4. veganos/-as

▶ 48 **1c Lösung**

		v	f
1.	En España, ser vegetariano o vegano es visto como una moda. *Antes se consideraba una moda, hoy en día es el estilo de vida de muchos españoles.*	☐	☒
2.	El mal uso de las palabras crea prejuicios sobre el veganismo y el vegetarianismo.	☒	☐
3.	Una dieta sin carne previene las enfermedades del corazón y la diabetes.	☒	☐
4.	El consumo de frutos secos puede prevenir la falta de hierro. *La falta de hierro se previene comiendo verduras de hoja verde, frutos secos y algas junto con alimentos ricos en vitamina C.*	☐	☒
5.	Una dieta vegetariana equilibrada no provoca déficits nutricionales.	☒	☐

▶ 49 **1d/e Text**

▶ 50

■ Para resumir, podemos decir que muchas personas siguen una dieta vegetariana por motivos de salud. Pero pasemos a hablar de otras motivaciones. ¿Qué otras razones pueden hacer que la gente decida llevar una alimentación vegetariana?

● Bueno, algunas personas deciden dejar de comer carne por sensibilidad personal, porque no soportan comer animales muertos. La idea de comer carne de animales les provoca repulsión o malestar.

■ Ese es el motivo por el que mi pareja no come carne desde hace años.

● Exacto. Sin embargo, en otros casos se trata de razones éticas o ideológicas. Muchos vegetarianos no comen carne por amor y empatía hacia los animales. Están en contra del trato que reciben los animales en la ganadería intensiva, donde, por ejemplo, los pollos y las gallinas se mantienen en espacios muy reducidos y en malas condiciones higiénicas.

■ En estas explotaciones intensivas, la vida de los animales solo se ve como un ciclo de producción, ¿no es así?

● Sí, los animales reciben antibióticos para evitar enfermedades e infecciones... y su ciclo de vida es bastante corto porque están destinados al matadero.

■ Sí, esta motivación es bastante comprensible si amas a los animales.

● Y por último, los vegetarianos también están convencidos de que su dieta tiene consecuencias positivas para el medioambiente. Hoy en día, la industria de la carne es una de las principales emisoras de gases de CO_2, y la producción de carne implica un gran uso de tierras agrícolas y recursos naturales como el agua.

▶ 51 ■ Muchos critican este argumento diciendo que los vegetarianos no siempre siguen una dieta 100 % ecológica. Por ejemplo, suelen consumir fruta que no es de temporada y que viene de países lejanos. El transporte de estos productos tiene consecuencias graves para el medioambiente.

● En general, una dieta vegetariana es una dieta más sostenible, pero también hay que tener en cuenta la biodiversidad y los ecosistemas. Ser vegetariano y comer fruta importada que no es de temporada no es una opción ética ni medioambiental.

■ Así que solo frutas y verduras de temporada: cerezas en verano, ciruelas en otoño, naranjas en invierno.

● Exacto. Es importante prestar atención al origen de los productos e intentar comprar solamente productos regionales. Por ejemplo, comprar en invierno aguacates procedentes de un país lejano tiene un impacto muy negativo en el medioambiente.

▶ 52 ■ Pero, ¿qué pasa con las personas que no pueden dejar de comer carne? ¿Es necesario hacerse vegetariano para seguir una dieta sostenible?

● No hay que ser vegetariano para cuidar el medioambiente, pero sí hay que reducir el consumo de carne a una o dos porciones por semana. Además, es importante asegurarse del origen de la carne y elegir carne ecológica o de granjas de comercio justo.

▶ 53 ■ Y, ¿qué otros alimentos ricos en proteínas pueden consumirse en lugar de la carne?

● Pues, por ejemplo, huevos y productos lácteos. También legumbres, por ejemplo soja o lentejas, y además, cereales y frutos secos. Todos estos alimentos contienen una gran cantidad de proteínas que pueden sustituir a la carne y constituir una dieta completa y equilibrada.

■ Los frutos secos parecen ser un alimento estrella, ¡creo que debería comerlos más! Muchas gracias por esta charla tan interesante, Alejandro.

▶ 49 **1d Lösung**

☒ déficits nutricionales relacionados con el veganismo

☒ recetas vegetarianas y veganas ☒ peligros de una alimentación vegana

▶ 50–53 **1e Mögliche Lösung**

1. a. *Porque no soportan la idea de comer carne de animales muertos.*
   b. *Por amor a los animales, algunas personas están en contra de las matanzas y de la ganadería intensiva.*
   c. *Para cuidar el medioambiente .*
2. *Porque a menudo compran fruta que no es de temporada e importada de países lejanos.*
3. *No: se puede comer una o dos porciones de carne a la semana y es importante comprar carne ecológica o de granjas de comercio justo.*
4. *Legumbres, cereales y frutos secos.*

▶ 54 **1f Text / Lösung**

■ Buenas tardes, ¿sigue usted una dieta saludable y sostenible?

▲ *Sí, soy vegetariano / vegetariana desde hace algunos años. Empecé renunciando a la carne y hace dos años también dejé de comer pescado.*

■ ¿Y le pareció difícil cambiar su alimentación?

▲ *Nunca me ha gustado mucho el pescado. Por eso fue fácil dejar de comerlo. Con la carne fue más difícil.*

■ ¿Y por qué tomó esa decisión?

▲ *Empecé a seguir una dieta vegetariana por motivos éticos. No quiero ser responsable de la matanza de animales.*

■ Se considera que una dieta vegetariana es buena para la salud. ¿Ha experimentado algún beneficio?

▲ *Sí, desde que soy vegetariano / vegetariana, ya no tengo problemas de digestión.*

■ Una alimentación vegetariana también tiene efectos positivos para el medioambiente y es más sostenible. ¿Usted también le da importancia a este aspecto?

▲ *Sí, compruebo el origen de la fruta y la verdura e intento comprar solamente productos regionales.*

■ ¡Muchas gracias!

G2 ¡Mañana empiezo!

▶ 55 **2a In einem Gruppenchat schicken sich vier Freunde Sprachnachrichten. Hören Sie die Sprachnachrichten und geben Sie an, wofür sich die Freunde entscheiden.**

Los amigos deciden ☐ adelantar ☐ posponer ☐ cancelar la quedada.

▶ 55 **2b Hören Sie die Sprachnachrichten erneut und ordnen Sie die Namen den Fotos zu.**

Patricia • Eduardo • Elena • David

1. ______________ 2. ______________ 3. ______________ 4. ______________

▶ 56 **2c Eduardo, David, Patricia und Elena treffen sich zum vereinbarten Termin. Hören Sie die Unterhaltung und entscheiden Sie, was die Freunde Eduardo vorschlagen.**

Sus amigos proponen a Eduardo algunas actividades

☐ para perder peso y ponerse en forma.

☐ para encontrar el equilibrio mental y corporal.

▶ 56 **2d Hören Sie die Unterhaltung erneut. Welches Foto passt zu wem?**

Yoga: ______________ Correr: ______________ Gimnasio: ______________ Meditación: ______________

▶ 57 **2e Verbinden Sie die linke mit der rechten Spalte und hören Sie anschließend zur Kontrolle.**

1. Hablando con un compañero
2. Incluso teniendo poco tiempo
3. Haciendo yoga
4. Concentrándote en tu propio cuerpo
5. Tomando conciencia de ti mismo
6. Cerrando los ojos

a. siempre es posible encontrar un momento para hacer yoga.
b. puedes encontrar calma y paz interior.
c. descubrí una página web.
d. puedes controlar tus emociones y pensamientos negativos.
e. me concentro en mi propia respiración.
f. he encontrado un nuevo equilibrio interior.

▶ 58 **2f Sie geben nun Auskunft über die Aktivitäten, die die folgenden Personen für ihr Wohlbefinden machen. Antworten Sie mithilfe der Angaben, wie im Beispiel.**

Ejemplo ■ Hace poco vi a Diana, la veo muy cambiada.

● Sí, **haciendo danza del vientre**, ha ganado seguridad y confianza en sí misma.

0. Diana:
hacer danza del vientre – ganar seguridad y confianza en sí misma

1. Víctor:
correr 45 minutos todos los días – perder un par de kilos

2. Faustina:
meditar todos los días – encontrar el equilibrio interior

3. José:
hacer deporte regularmente – mejorar su bienestar mental y corporal

G2 ¡Mañana empiezo!

▶ 55 2a Text / Lösung

■ Chicos, he tenido un contratiempo. Esta noche no puedo salir del trabajo antes de las 20:00 horas. Mi jefe ha convocado una reunión extraordinaria a la que tengo que asistir y me acabo de enterar. Lo siento, no puedo llegar antes de las 21:30. ¿Os parece bien? Si no, tendremos que cancelar la quedada. Esta semana ha sido un infierno. Avisadme.

● ¿Otra vez, Eduardo? La semana pasada también saliste tarde de la oficina. Da igual, por mí bien. De hecho, prefiero quedar más tarde. Así después del trabajo paso por casa, agarro la bolsa de deporte y voy a hacer pesas. Yo también he tenido un día duro. Así que será mejor que vaya a desahogarme al gimnasio antes de nuestra quedada. Elena, Patricia, ¿a vosotras os parece bien?

▲ David, ¿hoy vas a ir al gimnasio otra vez? ¡Estás obsesionado! La semana que viene no estoy, así que preferiría no cancelar la cita. Estoy terminando de trabajar y dentro de poco ya estaré libre. A ver qué dice Elena, pero creo que ella tampoco tendrá ningún problema. ¿A las 21:30 en la Plaza de Santa Ana?

◆ Chicos, os dejo un mensaje corto porque tengo prisa. Estoy un poco estresada porque ha habido una emergencia en el hospital. Pero puedo llegar a las 21:30. ¡Hasta luego!

Los amigos deciden ☒ posponer la quedada.

▶ 55 2b Lösung

1. Eduardo; 2. David; 3. Patricia; 4. Elena

▶ 56 2c Text / Lösung

■ Chicos, disculpad el cambio de horario repentino, pero he estado en la oficina hasta las 20:30.

▲ ¡Madre mía! ¿Siempre es así?

■ Estamos en una época muy estresante... Nuestra agencia de publicidad está intentando conseguir un contrato con un fabricante de coches importante, y por eso trabajamos mucho, a veces también los sábados.

◆ Pues yo no sería capaz de mantener ese ritmo. Piensa también en tu salud... ¡sobre todo en tu salud mental!

- ■ Siento que estoy en un círculo vicioso y no puedo salir de él... Parece que mi vida gira en torno al trabajo...
- ● Eduardo, ¡tienes que hacer un poco de deporte! Ven conmigo al gimnasio. Ya verás, ¡un poco de ejercicio te quitará el estrés! Y sobre todo, ¡no te hará pensar en los problemas!
- ▲ David, pero, como agente de bolsa, ¿cómo tienes tiempo para ir al gimnasio?
- ● Bueno, simplemente me tomo el tiempo. Es cierto que estoy bajo mucha presión y mi ritmo es bastante intenso, pero el gimnasio cuatro veces a la semana me ayuda no solo a mantenerme en forma sino también a aliviar la tensión.
- ■ ¿Cuatro veces a la semana?
- ● Sí, y los otros tres días voy a correr antes de ir al trabajo. Mientras corro me siento libre: es la mejor terapia contra el estrés diario. Me pongo los auriculares, escucho un buen podcast y el tiempo pasa sin darme cuenta. ¡Ni siquiera noto el cansancio! Venga, ¡ven conmigo, lo pasaremos bien!
- ■ No, no, soy demasiado vago. Y además estamos en invierno, hace demasiado frío.
- ▲ Yo tampoco soy muy deportista, pero creo que deberías hacer algo por tu bienestar corporal y mental. Mira, hace un par de meses estaba agotada, estuve al borde de un ataque de nervios. Al trabajar desde casa y estar todo el día sentada frente al ordenador, sentí la necesidad de moverme un poco. Claro que no quería apuntarme a un gimnasio, pues, como ya sabéis, no es lo mío...
- ● Sí, Patricia, lo sabemos. Te apuntaste y solo fuiste dos veces...
- ▲ Tampoco soy fan de los cursos grupales, pero el yoga siempre me ha fascinado. Hablando con un compañero descubrí una página web, “Yoga con Talía”, y así entré en el mágico mundo del yoga.
- ◆ ¿Pero eso es como un curso de yoga en línea?
- ▲ No, en realidad no. La profesora sube vídeos de entre 15 y 45 minutos en los que explica una secuencia de ejercicios. Puedes elegir qué hacer según tus necesidades. Incluso teniendo poco tiempo, siempre es posible encontrar un momento para una sesión de “Yoga con Talía”.
- ◆ ¡Mira, hasta el deporte se ha digitalizado! Me parece muy práctico: solo necesitas una esterilla y conexión a Internet.
- ■ ¿Pero has notado algún beneficio desde que lo haces?

▲ Sí, ahora estoy más alegre y calmada. El yoga me ha ayudado a relajarme y a luchar contra mis preocupaciones. Además he desarrollado musculatura, soy más flexible y he mejorado mi resistencia física.

● Ay, no sé, yo siento que tengo que correr, sudar y esforzarme para librarme de mis energías negativas.

■ A mí me interesa mucho. Tal vez me vendrá bien. Tengo que despejar mi mente, librarme de todos mis pensamientos...

▲ Créeme, cuando hago esos ejercicios, estoy tan atenta y concentrada, que me olvido de todos mis problemas. Haciendo yoga, he encontrado el equilibrio interior.

◆ Sí, me lo puedo imaginar. Concentrándote en tu propio cuerpo, puedes encontrar calma y paz interior. Yo no hago yoga, pero llevo un año haciendo *mindfulness*...

● ¿Y qué es eso? ¿Una nueva moda del extranjero?

◆ Es una práctica que tiene sus orígenes en el budismo. Se intenta lograr una mayor conciencia de uno mismo y del momento presente. Y lo haces a través de técnicas de meditación. En resumen, tomando conciencia de ti mismo, puedes controlar tus emociones o pensamientos negativos.

● Entonces te estás preparando para convertirte en asceta, ¿no, Elena?

◆ David, siempre tan gracioso. No se trata de un trance o de una experiencia mística. A mí me ha ayudado mucho a centrarme en el aquí y ahora.

▲ He oído hablar de eso.

■ ¿Y cómo funciona? ¿Qué tienes que hacer en la práctica?

◆ Pues busco un momento tranquilo, apago las luces y me siento en el suelo con las piernas cruzadas. Me relajo, y, cerrando los ojos, me concentro en mi propia respiración: inhalo... y exhalo... Y así, inhalando profundamente y luego exhalando lentamente, trato de lograr concienciarme del momento presente. ¡Y funciona! Después de unos minutos, todo lo que me rodea desaparece...

● Bueno, tal vez a ti te viene bien... Pero si yo hago eso, me quedo dormido en dos segundos. ¡Venga, ven al gimnasio!

■ ¡Lo siento, pero no! Creo que el camino al *mindfulness* me va a venir muy bien: ningún esfuerzo físico y ninguna fatiga para lograr el equilibrio mental y corporal. ¡Mañana empiezo!

Sus amigos proponen a Eduardo algunas actividades ☒ para encontrar el equilibrio mental y corporal.

▶ 56 **2d Lösung**

Yoga: *Patricia*; Correr: *David*; Gimnasio: *David*; Meditación: *Elena*

▶ 57 **2e Lösung**

1. Hablando con un compañero, c. descubrí una página web.
2. Incluso teniendo poco tiempo, a. siempre es posible encontrar un momento para hacer yoga.
3. Haciendo yoga, f. he encontrado el equilibrio interior.
4. Concentrándote en tu propio cuerpo, b. puedes encontrar calma y paz interior.
5. Tomando conciencia de ti mismo, d. puedes controlar tus emociones y pensamientos negativos.
6. Cerrando los ojos, e. me concentro en mi propia respiración.

▶ 58 **2f Lösung**

1. ■ Hace poco vi a Víctor, ¡estaba muy en forma!
   ▲ *Sí, corriendo 45 minutos todos los días, ha perdido un par de kilos.*
2. ■ Hace poco vi a Faustina, ¡parecía muy relajada!
   ▲ *Sí, meditando todos los días, ha encontrado el equilibrio interior.*
3. ■ Hace poco vi a José, ¡se le ve muy saludable!
   ▲ *Sí, haciendo deporte regularmente, ha mejorado su bienestar mental y corporal.*

G3 Te recomiendo que pruebes la acupuntura.

▶ 59 **3a Hören Sie das Telefonat zwischen Cintia und Diego. Welche Fotos passen zu den Beschwerden, die Diego schildert?**

A  ☐

B 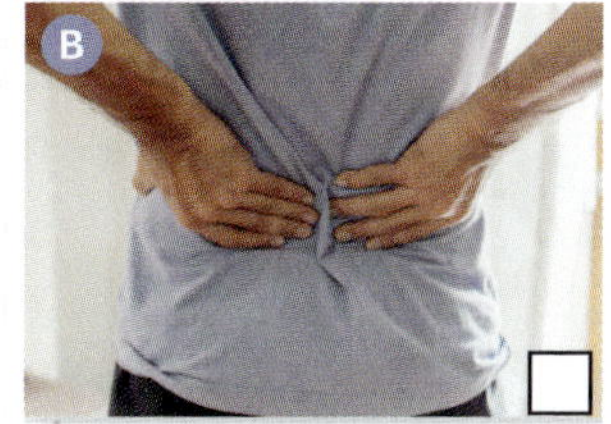 ☐

C 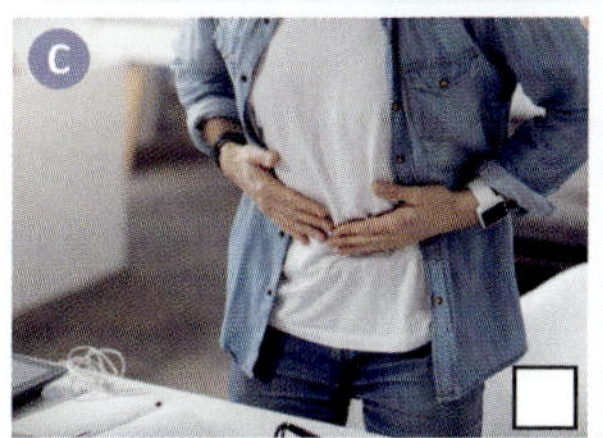 ☐

D  ☐

▶ 59 **3b Hören Sie das Telefonat noch einmal und vervollständigen Sie die Tabelle.**

Contra...	El médico receta...	Cintia recomienda...
el dolor de cabeza:	______	______
el dolor de cuello:	______ ______	______ ______

▶ 59 **3c Diego und Cintia sprechen über konventionelle und alternative Medizin. Welche alternativen Behandlungsmethoden werden erwähnt?**

☐ osteopatía ☐ acupuntura ☐ homeopatía

☐ medicina ayurvédica ☐ cromoterapia ☐ reflexología

▶ 59 **3d Hören Sie das Telefonat noch einmal und entscheiden Sie, welche Option jeweils passt.**

1. Cintia ☐ ha tomado ☐ no ha tomado medicamentos contra sus dolores de estómago.
2. Cintia trató su dolor de estómago con ☐ reflexología. ☐ homeopatía.
3. Según Cintia, los tratamientos alternativos requieren ☐ precaución. ☐ paciencia.
4. Diego ☐ nunca ☐ ya ha pensado en probar la medicina alternativa.

▶ 60 **3e Sie telefonieren mit Ihrer Freundin Emma, die gesundheitliche Beschwerden hat. Geben Sie ihr mithilfe der Angaben Ratschläge.**

■ ¿Dígame?

Sie begrüßen Emma und fragen, wie es ihr geht.

▲ ______________________________

____

■ Bueno, más o menos. Llevo unas semanas con dolores de estómago. Ya he ido al médico, pero parece que las molestias no desaparecen...

Sie fragen Emma, was der Arzt ihr verschrieben hat.

▲ ______________________________

____

■ Pues me recetó un medicamento para el dolor de estómago, que debo tomar cuatro veces al día.

Sie sagen, dass es Ihrer Meinung nach nicht gesund ist, so oft Medikamente zu nehmen. Sie empfehlen Emma, alternative Medizin auszuprobieren.

▲ ______________________________

____

____

■ Bueno, no sé... soy un poco escéptica con la medicina alternativa.

Sie sagen, dass Sie vor einigen Jahren an akuter Akne (= acné agudo) *litten. Da Sie keine Medikamente mit Antibiotika einnehmen wollten, haben Sie sich an einen homöopathischen Arzt gewendet. Die Therapie hat fast ein Jahr gedauert, aber Sie haben gute Ergebnisse erreicht* (= obtener).

▲ ______________________________

____

____

____

____

____

■ ¿Un año? ¡No aguanto esos dolores tanto tiempo!

Sie sagen, dass es bei einer homöopathischen Behandlung wichtig ist, Geduld zu haben. Trotzdem gibt es manchmal sehr schnell Verbesserungen.

▲ ______________________________

____

____

■ Bueno, mira, dame el número de tu médico e intentaré llamar esta semana.

G3 Te recomiendo que pruebes la acupuntura.

▶ 59 3a Text / Lösung

- ■ ¿Hola, Cintia?
- ● ¡Hola, Diego! ¿Cómo estás?
- ■ Bueno... anoche no pegué ojo por enésima vez.
- ● Oh, lo siento mucho. ¿Qué te pasa?
- ■ Llevo un tiempo durmiendo bastante mal. Me cuesta mucho quedarme dormido, y luego por las noches doy vueltas en la cama durante horas. Alrededor de las cinco siempre me despierto con un dolor insoportable en el cuello y luego ya no puedo dormir. No aguanto más...
- ● Tal vez estás durmiendo en una mala posición. O los dolores están relacionados con el colchón. A lo mejor es demasiado blando... ¡o demasiado duro!
- ■ Ay, no lo sé. Tengo ese colchón desde hace años y nunca he tenido problemas.
- ● ¿Pero tienes también otros dolores? No sé... ¿dolores de espalda?
- ■ Sí, tengo migrañas casi todos los días, que duran hasta por la noche. Y por eso no puedo dormir.
- ● ¿Y te tomas algo para el dolor?
- ■ Sí, ya he ido al médico dos veces. Para el dolor de cabeza me recetó un medicamento a base de paracetamol, pero no parece tener ningún efecto.
- ● ¿Y para el dolor de cuello?
- ■ Para el dolor de cuello primero me recetó un antiinflamatorio a base de ibuprofeno. Pero la segunda vez, como el dolor no se me quitaba, me recetó un antiinflamatorio a base de cortisona.
- ● ¿Cortisona? No soy médica, pero me parece un poco exagerado. Creo que hay que tener cuidado con algunos medicamentos, porque pueden tener efectos secundarios graves. Para el dolor de cabeza te recomiendo que pruebes la acupuntura.
- ■ No sé yo, nunca lo he hecho. ¿Crees que funciona?
- ● Es muy eficaz contra las migrañas crónicas y creo haber leído en alguna parte que es incluso más eficaz que los analgésicos.
- ■ Ah, interesante. ¿Y contra el dolor de cuello? ¿Qué me aconsejas?
- ● En mi opinión, tendrías que ir a un osteópata y hacerte un tratamiento osteopático.

- ■ Un osteópata... No lo había pensado. Podría probar. Es que hasta ahora nunca he confiado en la medicina alternativa...
- ● Bueno, yo pienso que hoy en día intentamos curar cualquier dolor con medicamentos, y a menudo se abusa de ellos. Yo he sufrido durante años de dolores de estómago. Con la medicación, los dolores desaparecían, pero también volvían a aparecer después de unos meses.
- ■ ¿Y entonces qué hiciste?
- ● Pues fui a un médico homeópata, es decir, a un médico graduado en medicina, pero especializado en homeopatía.
- ■ No sé... la medicina homeopática, la acupuntura... soy un poco escéptico al respecto.
- ● Yo creo que no hay que tener miedo a este tipo de tratamientos. Son mucho menos invasivos que la medicina convencional. Pero esto también significa que no hay resultados inmediatos. Hay que ser constante y tener paciencia. La pregunta es: ¿estás dispuesto a esperar a que pase el dolor? ¿O quieres llenarte de medicamentos para no tener más dolores?
- ■ No, claro que no, pero tampoco quiero probar tratamientos durante un año para curar mis dolores de cabeza.
- ● ¿Prefieres arruinar tu hígado continuando el tratamiento con cortisona? Los efectos secundarios de los medicamentos son mucho más fuertes que los de las terapias alternativas.
- ■ Bueno, pero no todas las terapias alternativas están científicamente probadas y reconocidas. Hay pocos estudios científicos sobre su eficacia. Por lo tanto, muchos de estos métodos no están aprobados por el Estado y no están cubiertos por el seguro médico.
- ● Por supuesto, para enfermedades serias es imprescindible recurrir a la medicina convencional. No hablo de enfermedades graves como el cáncer o la hepatitis. Pero creo que para algunas enfermedades más leves es importante probar otros métodos. Y entonces es necesario encontrar la terapia adecuada para tu enfermedad.
- ■ ¿En qué sentido?
- ● Pues, un método alternativo puede ser útil para una persona, pero no para otra. Si ves que no obtienes resultados positivos con la acupuntura, no continúes. En ese caso, lo mejor es probar otra terapia. Por ejemplo, la medicina ayurvédica.
- ■ Ayurveda... Hmm, ya he oído hablar de eso...

Zum Dialog passen die Fotos A und D.

▶ 59 **3b Lösung**

Contra...	El médico receta...	Cintia recomienda...
el dolor de cabeza:	*un médicamento a base de paracetamol.*	*la acupuntura.*
el dolor de cuello:	*un antiinflamatorio a base de ibuprofeno / de cortisona.*	*un tratamiento osteopático.*

▶ 59 **3c Lösung**

☒ osteopatía ☒ acupuntura ☒ homeopatía ☒ medicina ayurvédica

▶ 59 **3d Lösung**

1. Cintia ☒ ha tomado medicamentos contra sus dolores de estómago.
2. Cintia trató su dolor de estómago con ☒ homeopatía.
3. Según Cintia, los tratamientos alternativos requieren ☒ paciencia.
4. Diego ☒ nunca ha pensado en probar la medicina alternativa.

▶ 60 **3e Text / Lösung**

■ ¿Dígame?

▲ *Hola, Emma. ¿Cómo estás?*

■ Bueno, más o menos. Llevo unas semanas con dolores de estómago. Ya he ido al médico, pero parece que las molestias no desaparecen...

▲ *¿Qué te ha recetado el médico?*

■ Pues me recetó un medicamento para el dolor de estómago, que debo tomar cuatro veces al día.

▲ *En mi opinion, no es sano / saludable tomar medicamentos tan a menudo. Te recomiendo que pruebes la medicina alternativa.*

■ Bueno, no sé... soy un poco escéptica con la medicina alternativa.

▲ *Hace algunos años (yo) sufría de acné agudo. Como no quería tomar medicamentos con antibióticos, fui a un médico homeópata. La terapia duró casi un año, pero obtuve buenos resultados.*

■ ¿Un año? ¡No aguanto esos dolores tanto tiempo!

▲ *Con un tratamiento homeopático es importante tener paciencia. Sin embargo, a veces hay resultados muy rápidos.*

■ Bueno, mira, dame el número de tu médico e intentaré llamar esta semana.

H ¡Entramos en directo!

H1 El ministro lo ha confirmado.

▶ 61 **1a Hören Sie die Nachrichten: Welche Bilder und Rubriken passen dazu?**

A ☐ entretenimiento
B ☐ sucesos 
C ☐ economía 
D ☐ política 
E ☐ deportes 
F ☐ tráfico 

▶ 61 **1b Hören Sie die Nachrichten noch einmal und wählen Sie die jeweils passende Alternative.**

1. El ministro de Sanidad ha anunciado
   ☐ que va a dimitir. ☐ que va a volver a presentar su candidatura.
2. La tasa de desempleo ☐ ha aumentado. ☐ ha disminuido.
3. Durante el robo de un banco, un hombre joven ☐ ha sido herido. ☐ ha fallecido.
4. Vicente Vázquez dejará su cargo
   ☐ antes del campeonato mundial de fútbol.
   ☐ después del campeonato mundial de fútbol.

▶ 62 **1c Hören Sie das Gespräch zwischen Rita und Mario: Über welche Nachrichten aus der Radiosendung sprechen die beiden?**

☐ disminución del desempleo
☐ robo a mano armada de un banco
☐ dimisión del ministro de Sanidad
☐ dimisión del entrenador del equipo nacional de fútbol

▶ 62 **1d Hören Sie das Gespräch noch einmal und entscheiden Sie:** ***verdadero o falso*****?**

	v	f
1. Según Rita, el ministro de Sanidad comete un error al dimitir.	☐	☐
2. Mario se preocupa por Óscar, porque Óscar normalmente nunca llega tarde.	☐	☐
3. Óscar ha prometido llegar puntual a la cena.	☐	☐
4. Óscar le ha dicho a Mario que tiene que comprar el postre.	☐	☐

▶ 63 **1e Was haben die folgenden Personen Ihnen am Telefon gesagt? Folgen Sie dem Beispiel (Rolle ▲) und sagen Sie, mit wem Sie soeben gesprochen haben und was Sie erfahren haben.**

Ejemplo ▲ Acabo de hablar con Silvia.

■ ¿Y qué te ha dicho? ¿Cómo está?

▲ **Ha dicho** que **está** muy cansada porque ayer **trabajó** hasta tarde.

0. Silvia – decir: "Estoy muy cansada porque ayer trabajé hasta tarde."

1. Manuel – decir: "Me voy al centro después del trabajo para quedar con mi amigo Salva."

2. Virginia y Alba – contar: "Hemos estado en Los Pirineos y lo hemos pasado genial."

3. Marta – responder: "Me quiero quedar en casa hoy. He tenido un día muy estresante en el trabajo."

H1 El ministro lo ha confirmado.

▶ 61 1a Text / Lösung

Muy buenas tardes, queridos oyentes, les desea Lidia Giménez. Abrimos la emisión de hoy con una noticia de última hora. El ministro de Sanidad, José Luis Vaquero, ha anunciado su dimisión tras un acalorado debate en el Congreso. En su opinión, los fondos dedicados al sector médico deberían haber sido mayores.

La tasa de desempleo ha bajado ligeramente con respecto al año pasado. Así lo ha revelado el ministro de Economía, Miguel Muñoz. El ministro ha confirmado que la tasa de paro ha descendido a un 7,5 %, un 0,5 % menos que el mes anterior. El empleo está creciendo gracias a la recuperación económica de nuestro país, lo que ha llevado a las empresas a ofrecer más contratos indefinidos. Miguel Muñoz ha informado de que el desempleo ha disminuido especialmente entre los jóvenes.

Robo a mano armada en un banco en Lavapiés, Madrid. El atraco ha tenido lugar a última hora de la tarde, sobre las 4. Los dos hombres, con el rostro cubierto y armados con una pistola, han entrado en el banco y han tomado como rehenes a dos clientes. Cuando ha sonado la alarma, los dos hombres han entrado en pánico y han disparado sus armas. Un hombre de 32 años ha resultado herido en el tiroteo y ha sido trasladado a un hospital de la capital. La policía está buscando a los dos hombres, a los que parecen haber perdido la pista.

Vicente Vázquez dimite como entrenador de la Selección Española a finales de agosto. Así lo ha anunciado el propio Vázquez en una rueda de prensa, explicando que dejará de ser entrenador cuando finalice el Mundial. Todavía no está claro quién asumirá su cargo como entrenador de La Roja. Entre los nombres que se barajan están los de Pedro Valle y Simón Falcón.

B ☒ sucesos *C* ☒ economía *D* ☒ política *E* ☒ deportes

▶ 61 1b Lösung

1. El ministro de Sanidad ha anunciado ☒ que va a dimitir.
2. La tasa de desempleo ☒ ha disminuido.
3. Durante el robo de un banco, un hombre joven ☒ ha sido herido.
4. Vicente Vázquez dejará su cargo ☒ después del campeonato mundial de fútbol.

▶ 62 1c Text / Lösung

▲ Y una vez más los políticos demuestran que no entienden lo importante que es dar estabilidad a nuestro Gobierno. ¿De verdad tenía que dimitir en un momento tan difícil para nuestro país?

◆ Pero si es siempre la misma historia. Un ministro se va, otro es nombrado. Forman Gobierno y a los pocos meses ya están en crisis. En mi opinión, el ministro Vaquero tomó la decisión correcta. Me parece que está protestando contra un Gobierno que no invierte lo suficiente en salud...

▲ Bueno, en parte lo entiendo. Si quiere mejorar las infraestructuras o los servicios hospitalarios, necesita el dinero para hacerlo. Al menos ha habido una noticia positiva en las noticias de hoy. La economía está mejorando, y ya hay menos desempleo. Solo es una ligera mejora, pero es una señal positiva.

◆ Sí, Mario, es verdad. Esperemos que el empleo siga aumentando en los próximos meses. Oye, ya son las nueve y cuarto. ¿Por qué no llega Óscar?

▲ Bueno, llegará tarde, como siempre.

◆ Ya debería estar aquí. Es verdad que siempre se hace esperar un poco, pero no es propio de él llegar tan tarde a la cena.

▲ ¿A qué hora le has dicho que viniera?

◆ Pues, como siempre. Le he dicho que estuviera aquí sobre las ocho y media. Le pedí expresamente que fuera puntual y prometió serlo esta vez. Pero nunca se ha retrasado 45 minutos. Esperemos que no le haya pasado nada.

▲ No, mujer, ¡qué dices! ¿Por qué siempre piensas mal enseguida?

◆ ¿No has oído las noticias? Ha habido un robo a mano armada en Lavapiés, justo cerca de donde vive y trabaja Óscar.

▲ Venga, no te preocupes, Rita. Seguro que se ha encontrado con alguien y se ha quedado hablando. O tal vez simplemente hay mucho tráfico.

...

▲ Mira, Óscar me acaba de escribir.

◆ ¿Y qué dice?

▲ Dice que ha estado muy ocupado en la oficina y que ahora tiene que ir a la pastelería a por el postre.

◆ Gracias a Dios. Entonces parece que podremos comer pronto...

☒ disminución del desempleo

☒ dimisión del ministro de Sanidad

☒ robo a mano armada de un banco

▶ 62 1d Lösung

	v	f
1. Según Rita, el ministro de Sanidad comete un error al dimitir.	☐	☒
Según Rita, el ministro de Sanidad ha tomado la decisión correcta.		
2. Mario se preocupa por Óscar, porque Óscar normalmente nunca llega tarde.	☐	☒
Mario cree que Óscar podría llegar tarde, como siempre.		
3. Óscar ha prometido llegar puntual a la cena.	☒	☐
4. Óscar le ha dicho a Mario que tiene que comprar el postre.	☒	☐

▶ 63 1e Text / Lösung

1. ▲ *Acabo de hablar con Manuel.*
   ● ¿Y qué te ha dicho? ¿Qué hace después del trabajo?
   ▲ *Ha dicho que se va al centro después del trabajo para quedar con su amigo Salva.*
2. ▲ *Acabo de hablar con Virginia y Alba.*
   ● Ah, ¿ya han vuelto de sus vacaciones? ¿Qué te han contado?
   ▲ *(Me) Han contado que han estado en Los Pirineos y lo han pasado genial.*
3. ▲ *Acabo de hablar con Marta.*
   ● ¿Y? ¿Nos vemos esta noche o no? ¿Qué te ha respondido?
   ▲ *Me ha respondido que se quiere quedar en casa hoy. Ha tenido un día muy estresante en el trabajo.*

H2 Nunca echan nada bueno.

▶ 64 **2a Álex, Dani und Cristina unterhalten sich bei einem Aperitif. Welches Bild passt am besten zu dem, was Álex und Dani am Sonntagabend noch vorhaben?**

A  ☐

B  ☐

C  ☐

▶ 64 **2b Hören Sie das Gespräch noch einmal und kreuzen Sie die jeweils richtige Alternative an.**

1. Dani quiere ver ☐ un *reality show.* ☐ un concurso de talentos.

2. A Dani le gusta ver el programa por
   ☐ los conflictos entre los concursantes y el jurado.
   ☐ el talento musical de los concursantes.

3. Álex quiere ver la entrevista de
   ☐ una presentadora americana. ☐ una actriz americana.

4. Álex quiere ver el programa de entrevistas en directo
   ☐ para no perderse la entrevista exclusiva.
   ☐ para comentar la entrevista en directo en las redes sociales.

▶ 65 **2c Hören Sie die Fortsetzung des Gesprächs: Welche Medien nutzen Cristina, Dani und Álex?**

Televisión por cable:	**Radio:**	**Televisión vía Internet:**
______	*Cristina,* ______	______

▶ 65 **2d Hören Sie die Fortsetzung noch einmal: *verdadero* oder *falso*?**

	v	f
1. Cristina siempre encuentra algo bueno que ver en la tele.	☐	☐
2. Álex tiene la Smart TV sobre todo para ver la televisión.	☐	☐
3. Por las tardes Cristina se informa con las noticias de la televisión.	☐	☐
4. Dani no soporta las interrupciones de los locutores de radio.	☐	☐
5. Gracias a la Smart TV, Álex ha descubierto cantantes de otros países.	☐	☐

▶ 66 **2e Sie unterhalten sich nun mit einem Bekannten über Ihre Pläne für den Abend. Übernehmen Sie die Rolle ▲ und beantworten Sie die Fragen mithilfe der Angaben.**

■ ¿Qué planes tienes para la noche?

Sie antworten, dass Sie es noch nicht wissen. Wahrscheinlich werden Sie sich auf der Couch entspannen und einen Film oder eine Serie ansehen. Sie fragen kurz nach, was Ihr Gesprächspartner vorhat.

▲ *Todavía no lo sé.* ______________________________
____
____
____

■ Pues sí, yo también veré algo en la tele, quizás un documental. Todavía no he mirado lo que echan. ¿Tú todavía ves televisión por cable?

Sie sehen selten Kabelfernsehen, weil Sie das Programmangebot (= la programación) *nicht sehr interessant finden.*

▲ ______________________________
____
____

■ Ah, ¿entonces ves la televisión en línea?

Sie bejahen. Sie haben seit einigen Monaten ein Abo bei einem Streaming-Dienst. Das Schöne daran ist, dass Sie entscheiden, was Sie ansehen und wann Sie es ansehen.

▲ ______________________________
____
____
____

■ Sí, yo opino lo mismo. Yo también tengo una suscripción y me parece muy práctico. He pensado en comprarme una Smart TV, pero no sé si merece la pena. ¿Tú tienes una?

Sie bejahen, dass Sie einen Smart TV haben. Sie können so auf viele Online-Inhalte zugreifen (= acceder).

▲ ______________________________
____

■ ¿Pero también se puede escuchar la radio?

Sie bejahen und sagen, dass Sie Radiosendungen aus der ganzen Welt hören können. Online-Mediatheken sind für TV- und Radio-Sendungen sehr praktisch.

▲ ______________________________
____
____

■ Ah, y por eso ya no ves televisión por cable.

H2 Nunca echan nada bueno.

▶ 64 2a Text / Lösung

■ Bueno chicos, me acabo esta bebida y me voy a casa.

● ¿Qué? ¡Pero si todavía son las ocho y media!

▲ Dani, cuando te vayas me voy yo contigo.

● ¿No queréis tomaros algún aperitivo? ¡Qué buenos amigos tengo...! ¿Pero qué tenéis planeado esta noche?

■ Bueno, sabes que tengo mis rituales. Los domingos por la tarde los dedico a relajarme. Para empezar bien la semana necesito una noche tranquila... Me siento en el sofá con mi novia y vemos nuestro concurso de talentos favorito.

● ¿Todavía echan eso? ¿No lo habían sacado del programa?

■ ¡Estás de broma! Pero si van por la temporada 16...

● ¿Cómo lo haces para no aburrirte después de tantos años? Si la dinámica del programa es siempre la misma...

■ Pero si justamente eso es lo bonito. Por un lado hay un grupo de concursantes que quieren hacerse famosos a toda costa y están dispuestos a hacer cualquier cosa para tener éxito. Y por otro lado hay un jurado duro que critica sin piedad a esos artistas. Al final, veo el programa no tanto por las voces de los cantantes y sus canciones, sino por las peleas que surgen entre ellos y los miembros del jurado.

● Bueno... Y tú, Álex, ¿qué tienes que hacer esta noche?

▲ Quiero estar a las diez en casa para ver la entrevista exclusiva a la actriz Lady B. Va a hablar por primera vez en público de su divorcio. Va como invitada a un programa de entrevistas americano muy famoso, y va a ser entrevistada por uno de los presentadores más famosos de Estados Unidos.

● Perdona, pero... ¿eso no puede esperar a mañana? Seguro que lo echan mañana otra vez, e incluso lo podrás ver en línea en cualquier plataforma.

▲ No, quiero verlo en directo. Así puedo comentarlo directamente con otros fans en las redes sociales.

● ¡Bueno, veo que ambos sois adictos a la televisión! Uno con sus concursos de talentos, el otro con sus entrevistas americanas exclusivas... Pues nada, yo pasaré la noche escuchando música y leyendo un buen libro...

Zum Gespräch passt Foto C.

▶ 64 2b Lösung

1. Dani quiere ver ☒ un concurso de talentos.
2. A Dani le gusta ver el programa por ☒ los conflictos entre los concursantes y el jurado.
3. Álex quiere ver la entrevista de ☒ una actriz americana.
4. Álex quiere ver el programa de entrevistas en directo ☒ para comentar la entrevista en directo en las redes sociales.

▶ 65 2c Text / Lösung

● [...] Pues nada, yo pasaré la noche escuchando música y leyendo un buen libro...

■ También podrías ver una película o una serie...

● Una buena película, tal vez un clásico, no es mala idea. Tengo ganas de ver uno de esos grandes clásicos de la historia del cine. En la tele casi nunca echan nada bueno. Por un lado, tertulias en las que discuten a gritos, por el otro *realities* y otros programas basura. Al final, hay tardes en las que no sé ni qué ver...

■ ¿Y por qué no te suscribes a una plataforma de *streaming*, como yo? La oferta es realmente estupenda y puedes elegir entre muchísimos programas de televisión, películas y series.

▲ Sí, es verdad. Yo también estoy suscrito a dos plataformas de *streaming*, y siempre encuentro algo que me gusta. Lo bueno es que puedes decidir cómo, cuándo y qué ver.

● ¿Dos suscripciones? ¿Y cuánto pagas al mes?

▲ No mucho... Unos 20 €.

● No sé si vale la pena. Ya tengo muchos gastos con la tarifa de Internet, el contrato del móvil... ¿Y ahora más para el *streaming*?

■ Bueno, así tendrías más películas disponibles, y seguro que siempre encuentras algo que te apetezca ver.

● Ya me veo haciendo *zapping* entre una plataforma y otra. Con lo indecisa que soy, seguro que pasaría las noches viendo tráileres antes de decidir...

▲ Desde que uso los servicios de *streaming*, ya no veo televisión por cable. La Smart TV ha cambiado mi forma de ver la televisión.

- Ah, y no solo tienes las suscripciones de *streaming*, también una televisión inteligente. ¡Sois unos expertos tecnológicos! Y yo todavía veo la televisión por cable. ¡Tal vez debería actualizarme!
- Yo también tengo una Smart TV y es muy práctica. Conectas la televisión a Internet y ya tienes acceso a distintos servicios. Yo ya solo utilizo eso, la televisión tradicional me parece algo prehistórico...
- Sí, la Smart TV ha transformado mi salón en un centro multimedia. No solo veo programas de televisión con ella. La uso para navegar por Internet, jugar a videojuegos en línea, contactar con amigos en redes sociales... Y, naturalmente, para escuchar música o la radio.
- Uy, esa parece una función interesante para mí. Yo soy más de radio. Por las mañanas, cuando desayuno, me gusta escuchar la revista de prensa nacional e internacional, para estar informada. Y por las tardes también suelo escuchar las noticias en la radio.
- ¿Entonces no ves las noticias?
- No siempre. Sabes, me parece que las noticias en la radio permiten concentrarse en la información. En la tele tienes demasiados estímulos visuales: los vídeos y las imágenes suelen distraerme.
- En realidad, yo nunca escucho la radio. Las voces de los locutores me molestan. Cuando quiero escuchar música, no quiero que la interrumpan las voces de los locutores. Por eso prefiero escuchar música a través de servicios de *streaming* y pagar por ellos.
- Pues a mí me encanta escuchar la radio. Con la Smart TV puedes descargar distintas aplicaciones con las que puedes escuchar programas de radio, tanto españoles como de otros países.
- ¿De verdad? Me parece un aspecto interesante. Me gusta estar al día de las novedades musicales de otros países. Esa sería una buena idea.
- Sí, y también hay emisoras de radio temáticas: por ejemplo, hay un canal que reproduce solo música jazz las 24 horas del día. Lo bueno es que hay poca publicidad, por lo que se puede disfrutar de la música casi sin interrupciones. A veces, cuando estoy haciendo las tareas del hogar, escucho emisoras de radio latinoamericanas o asiáticas. Así he descubierto nuevos grupos y artistas diferentes a los habituales en la radio española.
- Bueno, ¿sabéis qué? Me voy a casa, y mientras vosotros veis vuestra entrevista o vuestro concurso de talentos, yo voy a informarme sobre las Smart TV.

Televisión por cable:	**Radio:**	**Televisión vía Internet:**
Cristina	*Cristina, Álex*	*Dani, Álex*

▶ 65 2d Lösung

	v	f
1. Cristina siempre encuentra algo bueno que ver en la tele. *Cristina muchas veces no sabe qué ver en la tele porque no echan nada bueno.*	☐	☒
2. Álex tiene la Smart TV sobre todo para ver la televisión. *Álex usa la Smart TV para muchas otras cosas: para navegar por Internet, para jugar a videojuegos en línea, para contactar con amigos en redes sociales y para escuchar la radio o música.*	☐	☒
3. Por las tardes Cristina se informa con las noticias de la televisión. *Cristina prefiere informarse con las noticias en la radio (porque se puede concentrar mejor en la noticia sin distraerse con vídeos o imágenes).*	☐	☒
4. Dani no soporta las interrupciones de los locutores de radio.	☒	☐
5. Gracias a la Smart TV, Álex ha descubierto cantantes de otros países.	☒	☐

▶ 66 2e Text / Lösung

■ ¿Qué planes tienes para la noche?

● *Todavía no lo sé. Probablemente me relajaré en el sofá y veré una película o una serie. ¿Y tú, qué vas a hacer?*

■ Pues sí, yo también veré algo en la tele, quizás un documental. Todavía no he mirado lo que echan. ¿Tú todavía ves televisión por cable?

● *No veo la televisión por cable muy a menudo, porque la programación no me parece interesante.*

■ Ah, ¿entonces ves la televisión en línea?

● *Sí, tengo una suscripción desde hace unos meses a un servicio de streaming. Lo bueno es que puedo decidir qué veo y cuándo.*

■ Sí, yo opino lo mismo. Yo también tengo una suscripción y me parece muy práctico. He pensado en comprarme una Smart TV, pero no sé si merece la pena. ¿Tú tienes una?

● *Sí, tengo una Smart TV. Así puedo acceder a muchos contenidos en línea.*

■ ¿Pero también se puede escuchar la radio?

● *Sí, puedo escuchar programas de radio de todo el mundo. Las mediatecas en línea son muy prácticas para los programas de televisión y de radio.*

■ Ah, y por eso ya no ves televisión por cable.

H3 Si tuviera más tiempo...

▶ 67 **3a Der Radiomoderator Guillermo Gil interviewt Blanca Almeida, eine spanische Fernsehberühmtheit. Welche Aspekte ihres Lebens werden im ersten Teil des Interviews behandelt?**

- ☐ su vida amorosa
- ☐ el principio de su carrera
- ☐ sus deseos para el futuro
- ☐ sus miedos existenciales
- ☐ sus éxitos y fracasos profesionales

▶ 67 **3b Hören Sie den ersten Teil des Interviews noch einmal. Welche Aussagen über Blanca Almeida sind richtig und welche falsch?**

	v	f
1. Blanca Almeida comenzó su carrera con un pequeño papel en una película.	☐	☐
2. A lo largo de los años, ha actuado en películas y obras de teatro.	☐	☐
3. Trabajó durante un año como asistente para una productora de televisión.	☐	☐
4. Debutó en televisión cuando tuvo que sustituir a un presentador enfermo.	☐	☐
5. El programa *Voces* le ha permitido crecer como profesional y como persona.	☐	☐
6. Todos sus programas han tenido siempre mucho éxito.	☐	☐

▶ 68 **3c Hören Sie die Fortsetzung des Interviews mit Blanca Almeida und vervollständigen Sie die Tabelle mit den fehlenden Informationen.**

	¿Qué haría?	¿Por qué?
Si pudiera volver atrás en el tiempo...	*...no participaría*	*Porque*
Si pudiera elegir con quién trabajar...		
Si tuviera más tiempo...		

▶ 69 **3d Was wäre, wenn...? Antworten Sie auf die Fragen wie im Beispiel und mithilfe der Angaben.**

Ejemplo

- Si Ricardo tuviera dinero para viajar, ¿a dónde iría?
- Si Ricardo **tuviera** dinero para viajar, **iría** a Australia.

0. **Ricardo:** tener dinero para viajar / ir a Australia

1. **Delia:** tener más tiempo / apuntarse a un curso de cocina

2. **Ángel:** tener talento / pintar cuadros para su casa

3. **Mari Carmen:** no estar tan ocupada con su trabajo / dedicarse a su pasión, la escritura

4. **Gonzalo:** ganar la lotería / donar parte del dinero

5. **Sie:** tener más tiempo / hacer un curso de programación

H3 Si tuviera más tiempo...

▶ 67 **3a Text / Lösung**

■ ¡Bienvenidos a un nuevo programa de *De tú a tú*! Hoy tengo el honor de tener como invitada en el estudio a una estrella indiscutible de la televisión española. Ha participado en más de 20 programas de televisión, ha sido testigo de importantes eventos culturales y artísticos, escribe programas para la televisión... Creo que ya sabéis de quién hablo. Con nosotros, Blanca Almeida.

● Guillermo, gracias por invitarme. Tengo que decir que no es la primera vez que vengo a la radio, pero sí aquí al estudio de Radio Fantasía.

■ Gracias por aceptar la invitación. Para mí personalmente es una alegría y un privilegio que estés aquí con nosotros. Tienes una carrera de 30 años a tus espaldas y un increíble número de programas en los que has participado. En primer lugar, felicidades.

● ¡Gracias, muchas gracias! Le debo mucho a mi público, que me quiere y me ha seguido durante tantos años.

■ Comencemos la entrevista con tus inicios. Debutaste en el mundo del espectáculo en los años 80 con una pequeña aparición en la gran pantalla, en la película *Delito imperfecto* de Gustavo Bardó.

● Bueno, eso fue un papel muy pequeño de tres segundos, en el que solo tenía que decir una frase... Fue mi primera y última experiencia como actriz. En aquella época estaba en la Facultad de Educación en la Universidad Complutense de Madrid. Después de mi experiencia en *Delito imperfecto*, me di cuenta inmediatamente de que no tenía lo necesario para ese trabajo.

■ Pero seguiste haciendo otros pequeños trabajos, tanto en teatro como en cine.

● Sí, hice pequeños trabajos detrás de las cámaras, como asistente del escenógrafo, por ejemplo.

■ ¿Y cómo acabaste entonces en la pequeña pantalla? ¿Cuándo empezaste a trabajar en televisión?

● Digamos que todo comenzó un poco por casualidad... ¡o por suerte! Después de la universidad hice unas prácticas para una productora de televisión y luego empecé a trabajar como autora, y trabajé en ello durante un año. Escribí los textos del exitoso programa *Mediodía España*.

■ Y un día el presentador, Jorge Vega, se puso enfermo antes de entrar en directo y entonces tuviste que tomar el relevo, ¿no?

- Exacto. Aquel día tuvimos que buscar una solución rápida, y yo conocía los textos del presentador. Así que el director me puso en directo…
- Y no has parado desde entonces. Y, dime, ¿a qué programa de televisión estás más apegada?
- Sin duda, *Voces*. Es un programa que no solo ha contribuido a mi desarrollo profesional, sino también a mi crecimiento personal y humano. El programa da voz a historias de personas que han vivido experiencias extraordinarias. Requiere mucha preparación: me reúno personalmente con los protagonistas de las historias, me cuentan sus conmovedoras vivencias, y junto a ellos creo el programa.
- Bueno, *Voces* ha tenido un éxito increíble. Es quizás el programa de más éxito de la televisión española. Pero, habiendo presentado más de 20 programas, supongo que también habrás tenido algún fracaso, ¿no?
- Sí, fracasos ha habido varios. No todos los programas han tenido el mismo éxito, lo cual es normal. Por ejemplo, *En casa de Blanca* no tuvo la audiencia que esperábamos y el programa se canceló tras unos pocos episodios.

☒ el principio de su carrera

☒ sus éxitos y fracasos profesionales

▶ 67 **3b Lösung**

		v	f
1.	Blanca Almeida comenzó su carrera con un pequeño papel en una película.	☒	☐
2.	A lo largo de los años, ha actuado en películas y obras de teatro.	☐	☒
	Blanca Almeida solo actuó una vez, pero realizó otras labores en el teatro y en el cine.		
3.	Trabajó durante un año como asistente para una productora de televisión.	☐	☒
	Trabajó un año como autora.		
4.	Debutó en televisión cuando tuvo que sustituir a un presentador enfermo.	☒	☐
5.	El programa *Voces* le ha permitido crecer como profesional y como persona.	☒	☐
6.	Todos sus programas han tenido siempre mucho éxito.	☐	☒
	En su carrera también hubo fracasos, no todos los programas tuvieron el mismo éxito.		

▶ 68 **3c Text / Lösung**

■ Si pudieras volver atrás en tu carrera, ¿hay algo que no harías?

● Si pudiera retroceder en el tiempo, no participaría en el programa *Canta en voz alta*, porque no tengo talento para cantar, como se pudo ver en aquella ocasión. El presentador, Santiago Espina, quería que participara a toda costa, y al final le dije que sí. Si pudiera cambiar algo, no participaría como presentadora invitada y no cantaría delante del público. Prefiero sentarme tranquilamente entre los miembros del jurado.

■ Antes has mencionado a Jorge Vega y ahora a Santiago Espina, ambos conocidos presentadores de televisión. Hasta ahora siempre has presentado programas en solitario, pero, si te pidieran que presentaras un programa con otra persona, ¿a quién te gustaría tener al lado?

● ¡Buena pregunta! Pues, hasta ahora no ha surgido la oportunidad de co-presentar. Pero eso está ligado a decisiones de empresa con las que, francamente, no estoy de acuerdo. Si pudiera elegir con quién trabajar, me gustaría presentar la ceremonia de los Premios Goya con Amanda Cantó.

■ Ah, una elección interesante. Hay rumores de una fuerte rivalidad entre vosotras.

● Bueno, me gustaría desmentir categóricamente esos rumores. Admiro mucho a Amanda. Me encantaría presentar un programa junto a ella, porque es una gran profesional, y personalmente aprecio su estilo elegante y relajado de presentar.

■ Ahora mismo estás trabajando en el *reality Sobrevivir*, un programa que te mantendrá ocupada durante los próximos 5 meses. No paras. Tú misma has dicho que no descansas. Por tanto, mi pregunta es: Si tuvieras más tiempo, ¿qué harías?

● Siempre he pensado en hacer otra cosa, fuera de la televisión. Si tuviera más tiempo, abriría una granja educativa, una granja en la que se realizaran actividades para niños y familias. ¿Por qué? Pues para dedicarme a dos de mis grandes pasiones: por un lado, mi amor por la naturaleza y los animales, y por otro, mi pasión por los niños y la pedagogía.

■ En definitiva, volver a tus orígenes, a tus estudios de Pedagogía.

● Exactamente.

■ Pasemos ahora a tu vida privada...

	¿Qué haría?	¿Por qué?
Si pudiera volver atrás en el tiempo...	*...no participaría en el programa "Canta en voz alta".*	*Porque no tiene talento para cantar.*
Si pudiera elegir con quién trabajar...	*...presentaría los Premios Goya con Amanda Cantó.*	*Porque es una gran profesional y aprecia su estilo relajado y elegante de presentar.*
Si tuviera más tiempo...	*...abriría una granja educativa.*	*Porque podría dedicarse a sus dos pasiones: la naturaleza y los animales, y los niños y la pedagogía.*

▶ 69 **3d Text / Lösung**

1. ■ Si Delia tuviera más tiempo, ¿qué haría?
   - *Si Delia tuviera más tiempo, se apuntaría a un curso de cocina.*
2. ■ Si Ángel tuviera talento, ¿qué haría?
   - *Si Ángel tuviera talento, pintaría cuadros para su casa.*
3. ■ Si Mari Carmen no estuviera tan ocupada con su trabajo, ¿qué haría?
   - *Si Mari Carmen no estuviera tan ocupada con su trabajo, se dedicaría a su pasión, la escritura.*
4. ■ Si Gonzalo ganara la lotería, ¿qué haría?
   - *Si Gonzalo ganara la lotería, donaría parte del dinero.*
5. ■ ¿Y usted? Si tuviera más tiempo, ¿qué haría?
   - *Si tuviera más tiempo, haría un curso de programación.*

Quellenverzeichnis

Cover, Rücktitel:
© Getty Images/iStock/skyNext

Fotos Innenteil:

S. 7: A bis C © Getty Images/iStock/Shutter2U, © Getty Images/iStock/scyther5, © Getty Images/iStock/SeventyFour
S. 10: © Getty Images/iStock/AntonioGuillem
S. 12: A bis C © Getty Images/iStock/Michal Stipek, © Getty Images/iStock/Ridofranz, © Getty Images/E+/AleksandarNakic
S. 13: 0 bis 2 Florian Bachmeier, Schliersee, © Wavebreak Media Ltd/123rf.com, © Getty Images/iStock/AaronAmat
S. 17: A bis C © Paopano – stock.adobe.com, © 3000ad – stock.adobe.com, © Getty Images/E+/imaginima, unten © Getty Images/iStock/metamorworks
S. 18: © Getty Images/iStock/baranozdemir
S. 21: © Getty Images/E+/JulieanneBirch
S. 22: © Getty Images/iStock/lithiumcloud
S. 23: 0 bis 4 © Getty Images/E+/visualspace, © Getty Images/iStock/paylessimages, © Getty Images/E+/FG Trade, © Getty Images/iStock/Ridofranz, © Getty Images/E+/FG Trade
S. 27: © Getty Images/iStock/Ridofranz
S. 28: von oben © Getty Images/iStock/Pheelings Media, © Getty Images/E+/borchee, © Getty Images/iStock/nensuria, © Thinkstock/iStock/MinervaStudio
S. 31: © Getty Images/E+/enigma_images
S. 32: von links nach rechts und oben nach unten © Getty Images/iStock/nd3000, © Getty Images/iStock/LumiNola, © images.de/PhotoAlto/Odilon Dimier, © Getty Images/iStock/sturti
S. 33: © Getty Images/iStock/LightFieldStudios
S. 37: oben © Getty Images/E+/alvarez, A bis F © iStockphoto/Catherine Yeulet, © Getty Images/E+/gremlin, © Getty Images/iStock/bernardbodo, © iStock/arsenik, © Getty Images/iStock/dottedhippo, © iStock/Anton Ovcharenko
S. 38: Filmstreifen © Getty Images/iStock/Mingirov
S. 45: © Getty Images/E+/lechatnoir
S. 50: © Getty Images/E+/Brothers91
S. 53: © Getty Images/DigitalVision/Morsa Images
S. 54: A bis C © Getty Images/E+/Anchiy, © Getty Images/E+/Morsa Images, © Getty Images/iStock/Wavebreak
S. 56: © Getty Images/iStock/NicoElNino
S. 60: © Getty Images/Thomas_EyeDesign
S. 61: A bis C © Getty Images/iStock/monkeybusinessimages, © Getty Images/E+/pixelfit, © Getty Images/iStock/SeventyFour
S. 62: oben © Getty Images/E+/wagnerokasaki, unten © Getty Images/iStock/ajr_images
S. 65: oben © Getty Images/E+/wagnerokasaki, unten © Getty Images/iStock/ajr_images
S. 66: A bis C © Getty Images/E+/PeopleImages, © Thinkstock/iStock/encrier, © Getty Images/E+/SDI Productions, unten © Getty Images/iStock/AntonioGuillem
S. 68: oben © Getty Images/E+/piranka, unten © Getty Images/E+/Romolo Tavani
S. 69: von links nach rechts und oben nach unten © Getty Images/iStock/terra24, © Getty Images/iStock/Andreas Steidlinger, © Getty Images/E+/AlenaPaulus, © Getty Images/iStock/AntonioGuillem, © Getty Images/iStock/apomares
S. 70: © Getty Images/E+/aldomurillo
S. 75: © Getty Images/iStock/NaLha
S. 80: © Getty Images/iStock/Mario Eduardo KOUFIOS FRAIZ
S. 81: oben © Getty Images/iStock/MasterLu, unten © Getty Images/iStock/ALLVISIONN
S. 82: von oben © Thinkstock/iStock/Svetlana Privezentseva, © Thinkstock/iStockphoto, © fotolia/gmf1963
S. 86: von links © Getty Images/E+/South_agency, © iStock/Xavier Arnau, © Getty Images/iStock/Uwe Moser
S. 87: © Getty Images/iStock/pedrosala
S. 88: von oben © Getty Images/iStock/zelg, © Sergio Formoso – stock.adobe.com, © Getty Images/iStock/tonomf, © Getty Images/iStock/Andres Barrionuevo Lopez
S. 90: © Getty Images/iStock/Eloi_Omella
S. 94: © Getty Images/E+/izusek
S. 99: © Getty Images/iStock/AlexeyPetrov
S. 100: A bis C © Getty Images/iStock/Artem Levkin, © Getty Images/iStock/3dts, © Getty Images/iStock/Liudmila Chernetska
S. 107: von links nach rechts und oben nach unten © iStockphoto/RedHelga, © Getty Images/iStock/kunchit2512, © Getty Images/iStock/artisteer, © Getty Images/iStock/fcafotodigital, © fotolia/Olga Patrina, © Thinkstock/iStock/khudoliy, © Hueber Verlag, München, © Getty Images/iStock/artisteer, © Getty Images/iStock/AlasdairJames, © Thinkstock/iStock/khudoliy, © Getty Images/iStock/kunchit2512, © iStockphoto/RedHelga, © iStockphoto/RedHelga, © serezniy/123rf.com
S. 115: Übung 2b 1 bis 4 © Getty Image/E+/hobo_018, © Getty Images/iStock/djiledesign, © Getty Images/E+/DaniloAndjus, © Getty Images/LattaPictures, Übung 2d von links © iStock/D-Ozen, © Getty Images/iStock/FOTOKITA, © Getty Images/iStock/poplasen, © Getty Images/iStock/ummanandapics
S. 116: 0 bis 3 © Getty Images/E+/jonya, © Getty Images/E+/AJ_Watt, © Getty Images/iStock/dangdumrong, © Getty Images/iStock/Mladen Zivkovic
S. 120: © Getty Images/iStock/Wavebreakmedia
S. 121: A bis D © Getty Images/E+/PeopleImages, © Getty Images/iStock/Anut21ng, © Getty Images/iStock/Zinkevych, © Thinkstock/iStock/g-stockstudio
S. 126: A bis F © Getty Images/E+/elkor, © Getty Images/iStock, © Getty Images/E+/Mario13, © Getty Images/iStock/shironosov, © Getty Images/iStock/Augustas Cetkauskas, © Getty Images/iStock/CHUYN
S. 127: 0 bis 3 © Getty Images/iStock/Antonio_Diaz, © Getty Images/iStock/gpointstudio, © Getty Images/E+/aluxum, © Getty Images/E+/MediaProduction
S. 131: A bis C © Getty Images/E+/PeopleImages, © Getty Images/iStock/lolostock, © Getty Images/iStock/Patrick Daxenbichler
S. 137: © Getty Images/E+/vm
S. 138: 0 bis 5 © iStockphoto/stefania andreetto, © Getty Images/E+/NoSystem images, © Getty Images/iStock/Dejan_Dundjerski, © Getty Images/E+/South_agency, © Getty Images/iStock/peterschreiber.media, © Getty Images/iStock/nikkimeel

Bildredaktion:
Cornelia Hellenschmidt, Hueber Verlag, München

Inhalt des MP3-Downloads zum Buch:

Sprecherinnen und Sprecher: Carlos Aparicio, Cecilia Bolaños, Neus Carbó, Enrique Ugarte

Produktion: Atrium Studio Medienproduktion GmbH, München